Hadoop for Finance Essentials

Hadoop金融大数据分析

[美] Rajiv Tiwari 著

王小宁 译

电子工业出版社
Publishing House of Electronics Industry
北京·BEIJING

内容简介

随着数据的增长以及企业每天处理越来越多的数据，Hadoop 作为一个数据平台已经变得很流行。金融行业想要最小化风险和最大化收益，Hadoop 作为一个主宰大数据市场的工具，在其中起着很大的作用。

本书介绍了大数据和 Hadoop 的基础知识，让读者掌握项目管理、欺诈检测等 TOP 大数据金融项目，其中不仅包含行业参考和代码模板，同时包括实现中使用的多个 Hadoop 组件。

读完本书，读者会理解一些行业领先的架构模式、大数据管理经验、窍门和大数据最佳实践方案，以便基于 Hadoop 成功地开发出适合自己的解决方案。

版权贸易合同登记号 图字：01-2015-6646

图书在版编目（CIP）数据

Hadoop 金融大数据分析 /（美）拉吉夫·蒂瓦里（Rajiv Tiwari）著；王小宁译. —北京：电子工业出版社，2017.5

书名原文：Hadoop for Finance Essentials
ISBN 978-7-121-31051-5

Ⅰ. ①H… Ⅱ. ①拉… ②王… Ⅲ. ①金融—数据处理软件 Ⅳ. ① F830.49

中国版本图书馆 CIP 数据核字（2017）第 044538 号

策划编辑：高洪霞
责任编辑：徐津平
特约编辑：赵树刚
印　　刷：三河市鑫金马印装有限公司
装　　订：三河市鑫金马印装有限公司
出版发行：电子工业出版社
　　　　　北京市海淀区万寿路 173 信箱　　　　邮编：100036
开　　本：720×1000　　1/16　　印张：10.75　　字数：172 千字
版　　次：2017 年 5 月第 1 版
印　　次：2017 年 5 月第 1 次印刷
定　　价：59.00 元

凡所购买电子工业出版社图书有缺损问题，请向购买书店调换。若书店售缺，请与本社发行部联系，联系及邮购电话：（010）88254888，88258888。

质量投诉请发邮件至 zlts@phei.com.cn，盗版侵权举报请发邮件至 dbqq@phei.com.cn。

本书咨询联系方式：010-51260888-819，faq@phei.com.cn。

译者序

从 2013 年暑假接触 Hadoop 到现在已有 3 年，我清楚地记得第一个伪分布式弄了近 10 天才跑出来第一个 WordCount，期间太多的 Bug 已经把我搞得神魂颠倒，好在最后"成功"了。至此，我与 Hadoop 结下了不解之缘。刚开始用中国人民大学数据挖掘中心的十几台机器搭建了第一个 Hadoop 集群，而后发展成两台服务器各包括 20 台机器的集群。Hadoop 的版本也从 1.2.0 发展到 2.6.0，随后帮助中国人民大学统计与调查中心搭建了自己的 Hadoop 集群。

"巧妇难为无米之炊"，再优秀的工具没有数据也只能是一个摆设，好在我们在做项目的过程中不时地有新的数据加入，也为我们进一步的学习和研究打下了基础。我们集群的组件也从单纯的 Hadoop 增加到 Hive、HBase、Mahout 和 Spark。这几个组件都是比较流行的，我们在使用过程中也体会到了这些组件优于传统数据分析工具的特点。随着数据采集量的增多，也使得很多公司为我们提供了一些可进行分布式计算的平台环境，充分利用这些资源，会为我们的研究和工作锦上添花。

感谢电子工业出版社的编辑给了我一次这么好的机会，也希望本书能为金融行业的同仁带来一定的收获。金融行业的数据可以说是最有价值的数据，其数据量大、价值高，从这些数据中提取价值是提升业务收入的一个重要手段。面对日益增长的数据量，传统的数据分析工具已经很难满足这些需求，新的开源工具可为我们解决这些问题。文中列举了很多现实中的例子及实现方案，为我们进一步挖掘数据的价值提供了一种思路。鉴于译者水平有限，有些术语及语句可能理解有误，欢迎读者发邮件和我联系：sdwangxiaoning@foxmail.com。

王小宁

2016 年

前　言

数据正以惊人的速度增加，而公司要么疲于应付，要么急于利用这些数据进行分析。Hadoop 是一个优秀的开源框架，可以应付这些大数据问题。

在过去的几年里，我一直在金融部门使用 Hadoop，但在使用的过程中，一直没有发现有关 Hadoop 在金融应用中的任何案例资源或书籍。我遇到的关于 Hadoop、Hive 或一些 MapReduce 模式的书籍大都是用各种各样的方式统计单词数量或分析 Twitter 信息。

我写这本书旨在解释 Hadoop 和其他相关产品在处理金融案例大数据中的基本应用。在书中，介绍了很多案例并提供了一个非常实用的方法。

这本书包含什么

第 1 章，大数据回顾。本章包含大数据概览、前景和技术演变，也介绍了 Hadoop 架构的基本知识、组成部分和分布式框架。如果你之前已经了解 Hadoop，这一章可以忽略。

第 2 章，金融服务中的大数据。本章将延伸到站在一个金融机构的角度去看大数据。主要介绍大数据在金融部门的演进故事，在项目落地时的一些挑战，以及利用相关工具和技术处理金融案例的应用。

第 3 章，在云端使用 Hadoop。本章包含大数据在云端使用的概览，以及基于端到端数据处理的样本投资组合风险模拟项目。

第 4 章，使用 Hadoop 进行数据迁移。本章讨论了将历史数据从传统数据源迁到 Hadoop 上的几种常用项目。

第 5 章，入门。本章包含了一个非常大的企业数据平台的实施项目，以支持各种风险和监管要求。

第 6 章，变得有经验。本章给出了实时分析的概览和检测欺诈交易的样本项目。

第 7 章，深入扩展 Hadoop 的企业级应用。本章包含的主题扩展到 Hadoop 在公司中的使用，如企业数据湖、Lambda 架构和数据管理。还介绍了更多基本的财务案例与简短的解决方案。

第 8 章，Hadoop 的快速增长。本章讨论了 Hadoop 分布式架构的升级周期，并用最佳实践和标准完成此书。

阅读这本书你需要哪些基础知识

因为 Hadoop 是一个数据处理和分析的技术框架，因此在数据库、项目和分析工具上有一些经验对读者会有帮助。

这本书是一个入门指南，包含了大量外部引用的大数据产品。因此，如果在任何时候需要深入了解 Hadoop，我们鼓励读者参考书中提到的外部资源。

哪些人适合读这本书

本书主要面向致力于使用 Hadoop 的金融部门工作人员，包含数据项目开发人员、分析师、架构师和管理人员。

它也有助于来自其他行业最近转换或想将业务领域转向金融部门的技术专业人士。

这本书是一本初学者指南，涵盖了使用 Hadoop 作为金融案例主题的大部分内容，并非真正意味着深入了解 Hadoop 或提供现成代码。

轻松注册成为博文视点社区用户（www.broadview.com.cn），您即可享受以下服务。

- **提交勘误**：您对书中内容的修改意见可在【提交勘误】处提交，若被采纳，将获赠博文视点社区积分（在您购买电子书时，积分可用来抵扣相应金额）。
- **与我们交流**：在页面下方【读者评论】处留下您的疑问或观点，与我们和其他读者一同学习交流。

页面入口：http://www.broadview.com.cn/31051

二维码：

作者简介

Rajiv Tiwari 是一位有着超过 15 年经验的自由大数据架构师，他的研究方向包括大数据、数据分析、数据管理、数据架构、数据清洗 / 数据整合、数据仓库，以及银行和其他金融组织中的数据智能等。

他毕业于瓦拉纳西印度理工学院（IIT）电子工程专业，在英国工作了10 年有余，大部分时间居住在英国金融城——伦敦。从 2010 年起，Rajiv 就开始使用 Hadoop，当时银行部门使用 Hadoop 的还很少。他目前正在帮助 1级投资银行（Tier 1 Investment Bank）在 Hadoop 平台上实施一个大型风险分析项目。

如果想联系 Rajiv，则可以通过他的网站 http://www.bigdatacloud.net 或推特 @ bigdataoncloud。

我一直认为当作家把自己的书献给他们的妻子、合作伙伴或孩子时有点俗气，但是近几个月来，让我明白了为什么一个家庭的支持对写一本书那么重要。

考虑到我目前在投资银行每天工作时间很长，且很难抽出时间来写这本书，所以，我一直在深夜和周末写这本书。我要感谢我的妻子 Seema，她几乎帮我照料一切能分散我写作注意力的东西；还有我的儿子 Rivaan。[1]

---

1 楷体字部分是引用作者的原话。

审稿人简介

Harshit Bakliwal 是一位印度领先的 IT 公司的 Hadoop 开发者。他有 6 年左右的工作经验和超过 3 年的大数据 /Hadoop 经验。他从 2010 年开始使用 Hadoop，当时 Hadoop 刚刚在科技界崭露头角，并没有太多的在线帮助。从那时起，他继续用自己的方式学习这门语言及其他高水平的语言，如 Pig、Hive、Sqoop、Oozie 和 HBase。现如今他能处理 4 ～ 5 个集群（每个集群大约有 200 个节点）上 PB 级的数据。

Dr.Daniel Fasel 是 Scigility 公司的创始人和 CEO。Scigility 公司为瑞士和欧洲其他国家的大规模信息系统和大数据技术提供解决方案。它的专业团队在大数据技术上有超过 7 年的极强的学术背景和实际知识经验。

他是瑞士电信（瑞士第一大电信运营商）商业智能团队的第一位数据科学家，并在就职期间实现了 NoSQL 技术在瑞士电信公司的探索性分析技术。在注重科学数据和 NoSQL 技术之前，他是合同和客户域（瑞士电信数据仓库的核心组件）的商业智能工程师。他还担任商业情报架构师和 Oracle Hyperion Essbase 立方体管理员。

他在瑞士福里堡大学（University of Fribourg）获得经济学博士学位。他写了一篇关于模糊数据仓库的文章，让他获得了最高的成绩。除了他的博士研究，他一直担任福里堡大学信息学系的系统工程师和系统管理员团队的领导。2009 年（当时大数据还不是一个流行词），他安装和维护了分布式计算集群和 NoSQL 技术。他还经常在大数据和数据仓库领域出版英语或德语的书籍与文章。

Mark Reddy 是软件工程师和分布式系统爱好者。他从爱尔兰的高威梅奥理工学院（Galway-Mayo Institute of Technology）荣誉毕业后，曾在 Hewlett-Packard 和 Avaeon Solutions 公司任职。他目前在 Boxever 工作，这是一家专注于旅游行业大数据和预测分析的爱尔兰初创企业。他使用 Hadoop、Spark、Cassandra、ZooKeeper、Storm、Kafka 等工具设计并实现了大规模分布式的解决方案，这些系统处理的数据达 TB 级。他喜欢利用他的知识和经验为开源项目做贡献，并对行业热点话题进行公开演讲。

当他不写代码的时候，他喜欢公开演讲或写博客（http://markreddy.ie/），他也喜欢旅游、健身，以及发推特随想 @ markreddy。

目　录

第 1 章

1

大数据回顾

任何一个组织或个人都有一个可用来使用或分析的数字足迹。简单来说，大数据分析指的是对数量不断增长的数据的使用。

在本章中，我们将在下面几个标题的帮助下回顾一下大数据和 Hadoop：

- 大数据是什么。
- 大数据技术的演进。
- 大数据的发展前景。
- 与大数据相关的职业。
- Hadoop 架构。
- Hadoop 生态圈简介。
- Hadoop 版本。

大数据是什么

不同的咨询公司和 IT 供应商对大数据给出了不同的定义。以下是两种典型的定义。

第一种定义是"数量如此之多以至于无法用传统的数据处理工具和应用来处理的数据被称为大数据"。

第二种定义是著名的 3V 定义，也被公认为最专业的定义，即"大量（Volume）、多样（Variety）、高速（Velocity）是与大数据相关的三个属性或维度。大量指的是数据的量很大，多样指的是数据的类型很多，高速指的是数据处理的速度很快"。

数据量

关于数据量的大小一直存在争议，究竟什么样的数据才能被归为大数据呢？不幸的是，没有一个定义好的规则来对其进行分类。对于一家处理 GB（$1GB=2^{30}B$）级数据的小公司来说，TB（$1TB=2^{10}GB$）级的数据可能被认为是大数据。对于处理 TB 级数据的大公司来说，PB（$1PB=2^{10}TB$）级的数据则被认为是大数据。但无论在什么情况下，我们所说的大数据至少是 TB 级的。

对于个人和组织来说，数据正以指数级的速率在增长。没人想要抛弃数据，尤其是现在硬盘的价格一直在下降。除了想要存储无尽的数据，企业也需要分析它们。一般来说，数据是以不同的形式存储的，其中大量的交易数据被称为结构化数据，图像和音频等数据被称为非结构化数据。

数据速度

直到大约 5 年前，公司常常提取（Exact）、转换（Transform）和加载（Load）（简称 ETL）日常产生的批量数据，导入数据仓库或数据集市，然后使用这些平台上的商业智能分析工具对数据进行分析和处理。如今，有更多的数据源如邮件、社交媒体和交易等为我们提供数据，然而对日常批量数据的处理并没有产生多大的价值。企业现在越来越多地在网上开展业务，数据量和业务需求不断增加，也实时地增加了数据的产生速度。

随着内存和硬盘的价格越来越低及计算机的处理速度加快，人们对实时数据进行分析的期望从没有像现在这么大。

数据类型

以前，数据大多以结构化的数据库形式存在，这样的形式有利于使用传统的数据集成和分析工具对其进行处理。

但是现在的企业需要处理异构型数据，从 Excel 表格、数据库到纯文本、图片、视频、网络数据、GPS（全球定位系统）数据、传感器数据、文件数据、移动信息数据，甚至包括可以扫描和转换为电子格式的文件。

企业必须适应新的数据格式，并且能够处理和分析这些数据。

大数据技术的演进

本节我们将分享一些与 Hadoop 主题相关的大数据演进的故事。

过去

尽管我们感觉 Hadoop 进入市场只有几年时间，但事实上它于十几年前就出现了。2003 年，雅虎开发了一个被称为 Nutch 的项目来解决其网络搜索的性能和可扩展性问题。

2003 年和 2004 年，谷歌发表了关于 Google's Filesystem（谷歌文件系统）和 MapReduce 的论文。

Nutch 的开发者开始使用在谷歌论文中提到的方法进行改进，来帮助他们扩展到多台机器的进程。该解决方案在很大程度上是有效的，但仍然不是一个最佳的解决方案。

2006 年，雅虎聘用 Doug Cutting 来改进网络搜索解决方案。他联络了 Apache 开发的一个项目，并从 Nutch 中拿出存储和处理的部分创建了一个通用的、可重复使用的框架。有趣的是，Doug 以他儿子的玩具象命名这个开源项目为 Hadoop，他甚至都没有想到这个名字在几年后会成为信息技术领域最时髦的词。Doug 的团队改进了 Hadoop 的框架，并在 2008 年发布了真正的网络搜索解决方案。

雅虎持续将它的应用迁移到 Hadoop 上，截至 2011 年，它的搜索引擎运行在包含数百 PB 级数据的 42000 个节点上。

现在

现在，几乎所有的网络巨头，如 Facebook、谷歌、微软和 eBay，都在使用 Hadoop 作为其框架来探索数据。根据国际数据公司（IDC）的调查，63.3% 的公司已经部署或计划部署 Hadoop。余下 36.7% 的公司也计划实施，但可能会超过一年才可以实施。

现在已经有很多关于 Hadoop 分布的供应商，如 Cloudera 和 Hortonworks 这两家公司让部署和管理 Hadoop 变得更容易，它们同时提供软件支持来将 Hadoop 集成到组织的 IT 环境中。

未来

IDC 研究预测，至少在未来几年，数据存储会有 53.4% 的年复合增长率。

IDC 还预测，大数据技术和服务市场将有 27% 的年复合增长率，截至 2017 年将会达到 324 亿美元的规模——大约是整体信息与通信技术市场增长速度的 6 倍。

目前，至少有几十家初创企业拥有非常独特的产品，并且拥有数亿美元的风险投资。

无论你怎样定义大数据，都不可否认它将是一个巨大的市场，并且将吸引企业技术支出的大部分。

大数据愿景

本节将讨论大数据组件的功能，如存储、资源管理、治理、处理和分析数据，如下图所示。这些组件中的大部分被包装成一个企业级的 Hadoop 架构，我们将在本书后面进行更详细的讨论。

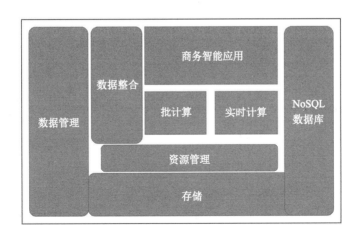

存储

数据存储就是原生数据存在的地方，它是一个包含结构化数据和非结构化数据的可靠的、具有容错性的分布式文件系统。

数据可以存储在一个分布式部署的文件系统中，如 Hadoop 分布式文件系统（Hadoop Distribution Filesystem，HDFS）；也可以存储在基于云的系统中，如 Amazon S3；还可以存储在 NoSQL 数据库中，如 Hadoop 生态系统中的 HBase 和 Cassandra 数据库。

在将数据移动到大数据生态系统中时，可利用一些数据集成工具实现，如 Flume 和 Sqoop；也可利用 Web 服务接口实现，如 Amazon S3 上的 REST 和 SOAP。

NoSQL

NoSQL 是非关系型且分布式的开源和横向扩展的数据库。

NoSQL 一词容易让人误解为 NoSQL 数据库不支持 SQL 操作。这个词现在通常定义为"不仅仅是 SQL"（**Not Only SQL**）。

NoSQL 的其他特性包括无模式的、易于复制支持、集成缓存、简单的 API 和最终一致性 /BASE（不是 ACID）。

与关系数据库相比，NoSQL 数据库具有优越的性能。如果我们处理如下内容，则会有更大的扩展性：

- 大量的结构化、半结构化和非结构化数据。
- 包含频繁的代码更改和快速的迭代需求。
- 需要高效率的、高速增长的业务需要和可扩展的架构。

NoSQL 数据库类型

NoSQL 数据库主要有 4 种类型。

- 文档数据库（Document Databases）：对每个键值和文档进行匹配。文档可以是简单的或复杂的数据结构，包含键－值对、键－阵列对，甚至是嵌套文件。这种数据库的典型代表是 MongoDB 和 CouchDB。
- 图像数据库（Graph Databases）：被用来存储如社交关系等图形化数据。这种数据库的典型代表是 Neo4j 和 HyperGraphDB。
- 键值数据库（Key-Value Databases）：最简单的 NoSQL 数据库，每个条目都存储为属性名（或键）和相应的值。一些键值仓库，如 Redis，允许每个值有一个数据类型，如整型。文档数据库还可以作为一个重要的键值数据库，但是它对复杂数据有更强的针对性。这种数据库的典型代表是 Riak 和 Voldemort。
- 列存储数据库（Wide-Column Databases）：在大型数据集上是高度优化的查询。这类数据库将数据的列而不是行存储在一起，如 Cassandra 和 HBase。

在数据库市场上至少有几十家 NoSQL 厂商，每家厂商都声称自己有优势。由于大多数数据库在类型上遵循相似的架构和发展方法，因此，一些企业只使用少数几家供应商的数据库的情况很常见。

资源管理

有效的资源管理是操作数据库的必备工具，尤其是当有多个应用程序运行时，需要为计算和数据资源而战。资源管理器（如 YARN 和 Mesos）管理我们的计算／数据资源的分配、解除分配和高效利用。

还有一个工具集用来管理工作流、配置和分布协调，如 Oozie 和 ZooKeeper。

数据治理

数据治理是指管理好数据并保证元数据（关于数据的信息）记录准确，数据仅由授权人员和系统访问。有一个管理元数据、身份验证、授权、安全、隐私设置和谱系的工具集，所使用的工具包括 Apache Falcon、HCatalog、Sentry 和 Kerberos。

批量计算

批量计算是处理大数据集的一种有效方法，存储的数据是在一段时间内收集然后进行处理的。MapReduce、Pig 和 Hive 脚本均可用于批处理。

通常，批处理程序基于磁盘的数据存储来进行数据的输入和输出，并产生中间结果。

相关的例子包括一天的风险度量计算和历史性贸易分析。

实时计算

实时计算是低延迟的数据处理，通常是亚秒级 [1] 的响应。Spark 和 Storm 是主流的实时处理程序。

一般情况下，批处理过程是指有连续的数据输入的内存处理过程，但它不一定需要持久性存储的输出和中间结果。

相关的例子包括微博的实时处理和股票价格、欺诈检测和系统监控。

1　没有达到秒的速度，即 1GHz/1.2 秒。

数据整合工具

数据整合工具将数据带入和带出 Hadoop 生态系统。除 Apache 或 Hadoop 发行版本提供的 Flume、Sqoop 等工具外，还包括如 Informatica、Talend、Syncsort 和 Datameer 等优质供应商，它们都可以提供大数据整合需要的一站式服务。由于以许多数据整合工具的用户界面为基础，并使用第四代语言[2]，所以它们很容易使用，并能让 Hadoop 生态系统免于复杂的、低级的 MapReduce 编程。

机器学习

机器学习是模型和算法从输入的数据中学习并根据反馈进行提高的过程。该方案由输入的数据驱动，并且不遵循明确的指示。机器学习库的主流套件来源于 Mathout，但使用 Spark MLlib 库或基于 Java 的自定义的 MapReduce 编程也并不少见。

也有一些关于语音识别、异常或欺诈检测、预测和推荐产品的例子。

商务智能和可视化

Hadoop 的发行版本可以将不同的商务智能和数据可视化的供应商连接到底层的 Hadoop 平台，以此来产生管理报告和分析报告。

在这个领域，有很多厂商和时下几乎所有领先的 BI 工具提供 Hadoop 平台的连接器，主流的包括 Tableau、SAS、Splunk、QlikView 和 Datameer。

2　是针对以处理过程为中心的第三代语言提出的，希望通过某些标准处理过程的自动生成，使用户只需说明要做什么，而把具体的执行步骤的安排交给软件自动处理。

大数据相关的职业

Gartner 称，到 2015 年与全世界大数据直接相关的职位约有 440 万个，其中包括从基本的服务器维护到高端数据的科学创新。

随着越来越多的企业希望借助分析技术处理大数据，与大数据相关的职位数量会不断增加。随着市场走向成熟和越来越多的公司证明大数据的商业利益，未来从事大数据相关行业的人数将不断增加。

这些职位所需的技术含量极其多样化，包括服务器维护、低级别的 MapReduce 编程、NoSQL 数据库管理、数据分析、数据可视化、数据整合、数据科学、机器学习和商业分析。即使非技术角色，如项目管理、前台人员、金融、贸易、市场营销和销售团队，若要对结果进行分析，都需要使用一套新的分析和可视化工具进行相关培训。

只有极少数的人对大数据或 Hadoop 的技能要求和需求非常高，因此，他们的收入显然高于市场平均水平。如果能满足如下条件，那么 Hadoop 职位的薪酬将会更高：

- 技能是新的或稀缺的。
- 技能是比较难学的。
- 诸如 MapReduce 需要的技术技能与商业领域的知识相结合。

所需的技能如此多样，你可以选择一项你所热衷的作为你的职业。

一些很受欢迎的职位如下。

- 开发者：他们开发 MapReduce 任务，设计 NoSQL 数据库，并且管理 Hadoop 集群。相关的职位包括 Hadoop、MapReduce 或 Java 开发人员及 Hadoop 管理员。
- 架构师：他们对 Hadoop 组件知识有广度和深度的理解，了解大局，能够推荐要使用的硬件和软件。如果需要，则能领导一个包括开发者和分析师的团队。相关的职位包括大数据架构师、Hadoop 架构师、高级 Hadoop 架构师、领先的 Hadoop 开发者。

- 分析师：他们将商业知识与数学和统计技能结合起来，使用诸如 Pig、Hive、SQL 和商务智能工具来分析数据。相关的职位包括商业分析师和商业智能开发人员。

- 数据科学家：他们在分析和可视化工具、业务知识、理解 Hadoop 生态系统及编程方面有一定的广度和深度，其专长在数学和统计方面，并且有优秀的沟通能力。

在 Java、C#、关系数据库和服务器管理方面有开发能力的人很容易了解 Hadoop 的发展过程，他们会有一些项目实践，并选择专攻一种工具或编程语言。他们还可以学到更多的技能，在各种工作中担任架构师或技术领导者。

具有分析能力的人，在了解业务流程和集成技术后，可以学习一些高级编程语言，如 Pig、R、Python 或商务智能工具。将商务智能工具和高级编程方面的经验与商业领域的知识结合起来将大有裨益。

虽然笔者尝试把它划分成两条简单的职业路径：开发和分析，但在现实世界中，所有工作角色都有明显的重叠。

只要你拥有优秀的开发和分析技能，同时准备学习数学和商业（无论是正规的教育还是经验），那么没有什么能阻止你成为数据科学家（这一职位被哈佛商业评为 21 世纪最性感的工作）。

Hadoop 架构

本节不会深度剖析 Hadoop 架构方面的知识，而是概述，以便读者能理解之后的内容。

有关本节的详细知识，笔者推荐 *The Definitive Guide, Tom White, O'Reilly Media*[3] 一书。

HDFS 集群

- 一个节点（Node）就是包含数据的计算机，是基于非企业的价格低廉的商品硬件，如下图中的节点 1、节点 2、节点 3 等。

- 机架通常是由 10 个或更多个节点物理存储在一起并连接到相同网络的交换机集合。所以，在一个机架的任何两个节点之间的网络延迟都比不同机架的两个节点之间的延迟低。

- 集群是如下图所示的机架的集合。

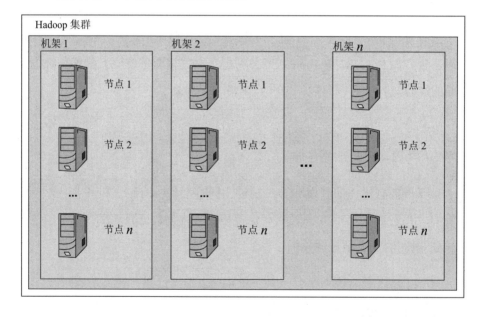

- HDFS 通过将数据复制成多份来实现容错功能。如果一个组件出现故

---

3 中文译文版本《Hadoop 权威指南》，清华大学出版社出版，英文更新至第 4 版，中文更新至第 3 版。

障，则另一个副本将被启用。

- 非 Hadoop 系统的文件将被划分为多个块，每个块将以分布式形式被复制到 HDFS 上。Hadoop 很适合非常大的文件，因为它是专门被流或顺序数据访问的，而不是被随机数据访问的。

- 从 Hadoop 2.1.0 版本开始，每个块（Block）的默认大小是 128MB。新版本的 Hadoop 正朝着更大的默认块进发。块的大小可以根据应用的需要来配置。

- 用大小为 128MB 的块存储 350MB 的文件会占用 3 个块，但第 3 个块不会完全消耗。块与复制的设计方案很契合，这使得 HDFS 在商品硬件上是容错的和可用的。

- 如下图所示，各个块被复制到多个节点中。例如，块 1 存储在节点 1 和节点 2 上，块 2 存储在节点 1 和节点 3 上，块 3 存储在节点 2 和节点 3 上。这样的设计允许节点发生故障而不会丢失数据。如果节点 1 崩溃，则节点 2 仍然运行，并拥有块 1 的数据。在这个例子中，我们复制的数据跨两个节点，还可以设置为复制到更多的节点。通过改变 Hadoop 的配置，甚至可以为每个单独的文件设置复制因子。

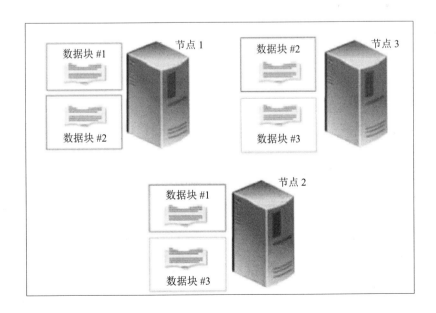

MapReduce V1

在 Hadoop 2.2 版之前，MapReduce 指的是 MapReduce V1，并有一个不同于现在的结构。

- MapReduce 程序有两种类型：Map 转换和 Reduce 转换。
- 一个 MapReduce 任务将在不同的节点上作为并行任务来执行——先 Map，然后 Map 的结果将被 Reduce 任务执行。

有两种主要的节点，分别是 HDFS 和 MapReduce 节点。

- 一个 HDFS 节点是一个 NameNode 或 DataNode。
- 一个 MapReduce 节点是一个 JobTracker 或 TaskTracker。
- 客户机通常用 JobTracker 连通。但是，它也可以与 NameNode 或 DataNode 通信。
- 在一个集群中只有一个 NameNode。DataNodes 存储所有的分布式块，但元数据被这些文件存储在 NameNode 中。这意味着 NameNode 是一个单点故障，因此它应该是最好的获得最大可靠性的企业硬件。由于 NameNode 会在内存中保存整个文件系统的元数据，所以建议购买尽可能多的随机存取存储器（RAM）。
- 一个 HDFS 集群有很多 DataNodes。DataNodes 存储数据的块。当客户端请求读取 HDFS 文件时，客户端从 NameNode 中发现哪些存储在 DataNodes 中的块构成该文件。客户机现在可以直接从相应的 DataNodes 中读取块。这些 DataNodes 是廉价的企业硬件并且复制到软件层，而不是由硬件层提供的。
- 作为 NameNode，在集群上只有一个 JobTracker 管理所提交的客户端的所有 MapReduce 任务。它使用自身 DataNodes 上的 TaskTracker 调度 Map 和 Reduce 任务。从根本上来说，通过机架感知来使用数据块的位置执行任务是十分智能的。机架感知是一个配置，这意味着如果有可能，那么数据块将会在同一个机架中进行处理。块也会被复制到不同的机架中来处理机架故障。JobTracker 负责监控 TaskTracker 的进展，并在不同复制的 DataNode 中重新安排失败的 TaskTracker。

客户端与 Hadoop 集群的通信如下图所示。

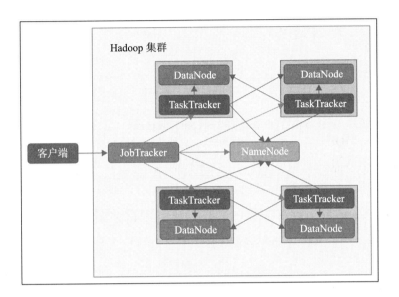

MapReduce V2——YARN

MapReduce V1 主导大数据的愿景很有多年了，但也有一些限制。

- 极端的可扩展性：它不能容纳超过 4000 个节点或 40000 个并发任务的集群尺寸。
- 可用性：NameNode 和 JobTracker 是单点故障。
- 任务：只支持 MapReduce 任务。

MapReduce V2 提出用体系结构的改变来解决这些限制，这种新的架构也被称为 Yet Another Resource Negotiator（YARN）。然而，在 MapReduce V2

上运行 YARN 并不是被强制的。

新架构具有 DataNodes，但是没有 TaskTracker 和 JobTracker。

MapReduce V2 支持 MapReduce V1，因为 V1 版本仍然被广泛用于世界各地的公司中。

YARN 适用于两个基本面：

- 通用调度和资源管理，而不仅仅是 MapReduce。
- 有效的调度和工作负载管理。资源管理器已了解了在每个节点上经由 YARN 与运行的节点管理器（**NodeManager**）通信的能力。

如下图所示，当一个应用程序被客户端调用时，应用管理器（**Application Master**）开始在节点管理器上运行。然后应用管理器负责与资源管理器（**ResourceManager**）协商资源。这些资源被分配到每个子节点上的容器（Container）中，并在容器中运行任务。

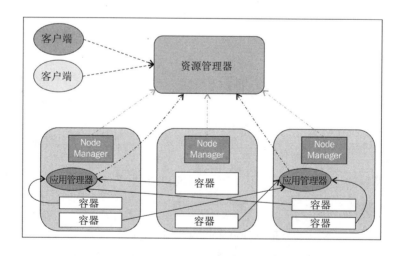

Hadoop 已经调整为支持 NameNode 的高可用性的架构，这是任何核心业务应用的关键要求。Hadoop 的 V2 版本有两个 NameNode：一个是活跃的，另一个是备用的。

如下图所示，其中包括 **JournalNode**。对于一个活跃的和一个备用的 **NameNode** 的基本设置来说，有三个 **JournalNodes**。正如预期的那样，在一个特定的时间内只有一个 **NameNode** 是活跃的。这三个 **JournalNodes** 共同决定哪个 **NameNode** 将成为活跃的。如果由于某种原因，活跃的 **NameNode** 的活跃性下降，那么备用的 **NameNode** 将接替它成为新的活跃的 **NameNode**。

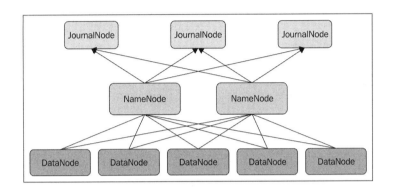

Hadoop 已经得到进一步的改进来提供更高的可扩展性。有多个 NameNodes 独立运行，每个 **NameNode** 都有自己的命名空间，因而都拥有对自己的一组文件的控制权。然而，它们共享所有的 DataNodes，如下图所示。

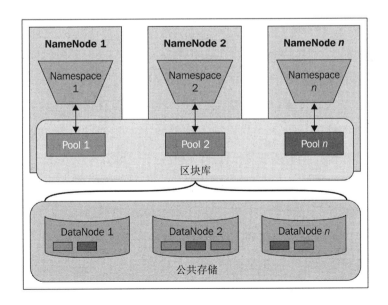

MapReduce V2 像 V1 一样具有网络拓扑结构。当机架感知被配置为集群时，Hadoop 都会尽量在与该数据的最高宽带接入的 TaskTracker 节点上运行任务。

Hadoop 生态圈简介

在本节中，我们将简单介绍一下 Hadoop 组件，并分享一些相关的学习资料。

驯服大数据

我们知道，大数据无处不在，并且需要被处理和分析才能变得有意义。但是，我们如何在不破坏数据库的同时处理这些数据呢？

Hadoop 这个英雄级的工具可以驯服大数据的原因如下：

- 它是企业级的，可以运行在商用服务器上。用传统的数据库存储大数据是非常昂贵的，一般存储 1TB 数据的花费是每年 25000 ～ 50000 美元。然而，用 Hadoop 存储商用服务器上的数据，成本可下降 90%，即每年 2500 ～ 5000 美元。
- 它可以水平伸缩。如果需要，则数据可以保存更长的时间，由于是在磁盘外运行的，因此无须清理旧数据。我们可以简单地添加更多的计算机，同时对旧数据进行趋势分析。由于它可以线性扩展，所以当数据量增大时不会产生大的影响，并且无须将原有数据迁移到更大的平台上。
- 它可以处理半结构化和非结构化的数据，如图像、日志文件、视频及具有更优性能和更低成本的文档。
- 处理过程迁移到数据中，而不是将大数据转移到计算引擎中。最小数据移动和处理逻辑可以写在各种编程语言，如 Java、Scala、Python、Pig 和 R 中。

Hadoop——英雄

Hadoop 的核心是 HDFS 和 MapReduce 的组合：HDFS 用来存储数据；MapReduce 用来进行数据计算。

但是 Hadoop 不仅仅包括 HDFS 和 MapReduce，在其生态圈中还有很多组件，这些组件能在端到端的数据生命周期中提供不同的功能。我们将在下面的章节中简要介绍该生态圈中较受欢迎的组件。

HDFS——Hadoop 分布式系统

HDFS 是一个无限可靠的分布式存储方式。这意味着一旦用户建立了自己的存储，随着业务的增长，可以通过添加更多物美价廉的商用服务器或磁盘来增加额外的存储空间。那么，当服务器不高端时，它是否会失败呢？答案是肯定的。事实上，在一个有 1 万台服务器的集群上，每天至少会有 1 台不能运行的服务器。尽管如此，HDFS 具有自我修复和极端的容错能力，因为每个数据块会被复制到不同的节点服务器（默认为 3 个节点）上。因此，如果一个数据节点发生故障，则其他两个数据节点都可以使用。此外，如果 DataNode 发生失败、块被损坏或遗漏，则失败的 DataNode 数据或块会复制到运行正常的、重量较轻的数据节点上。

MapReduce

MapReduce 以分布式形式将计算移动到数据节点上。它可从 HDFS 及其他数据源（如安装的文件系统和数据库）中读取数据。它具有非常强的容错能力，如果有任何节点的计算作业失败，则会重新分配任务到另一个副本的数据节点上。Hadoop 知道如何清理失败的作业并组合各 MapReduce 任务的结果。

MapReduce 框架处理数据可分为两个阶段：Map 和 Reduce。Map 阶段用于对数据进行过滤和排序，Reduce 阶段用于聚合数据。我们将展示著名的计算字数（WordCount）的例子，这是了解 MapReduce 框架的最佳方式。

- 输入的数据在 HDFS 中被分成多个块。
- 每个块被反馈到 Map 中进行处理，其输出是一个单词的键值对，用作键和计数的值。
- 键值对是由键和要被反馈到 Reduce 上进行处理的分区排序组成的。有相同键值的键值对将会在相同的 Reduce 上处理。
- Reduce 将计算每个字的总数，并将每个字及其总字数作为键值对输出。

MapReduce 工作的另一个例子是找到在一定时间内交易量最多的客户，如下图所示。

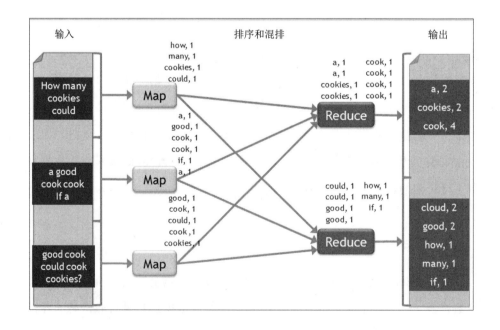

HBase

HBase 是一个宽列数据库，是 NoSQL 数据库之一。该数据库中的行存储为键值对，并且不存储空值。因此，从存储效率方面考虑，它非常适合存储稀疏数据。它是线性可扩展的，并提供对存储在 HDFS 上的数据的实时、随机读写和访问功能。

若想了解更多细节，则可以访问 `http://hbase.apache.org/`。

Hive

Hive 是一个高水平的声明性语言，适用于所有数据仓库爱好者来做 MapReduce 项目，这些人喜欢在现成的 HDFS 上写 SQL 查询语句。它是一个很好的适合结构化数据的工具，如果你想比标准 SQL 做更多的东西，则可以使用 Java 或 Python 编写自定义函数并使用它们。

Hive 脚本最终被转化为 MapReduce 任务，并且在性能方面和 MapReduce 几乎一样优异。

若想了解更多细节，则可以访问 `http://hive.apache.org/`。

Pig

Pig 对于有程序语言背景的编写 MapReduce 程序的数据工程师来说，是一种高层次的程序语言。它不仅可以处理结构化的数据，而且可以处理非结构化的文本数据。如果需要在默认情况下不可用的其他函数，则可以使用 Java 或 Python 编写自定义函数并使用它们。

同 Hive 一样，Pig 脚本可以转化为 MapReduce 任务，而且在性能方面和 MapReduce 几乎一样优异。

若想了解更多细节，则可以访问 `http://pig.apache.org/`。

ZooKeeper

ZooKeeper 是一种集中式服务，用于维护配置信息和名称，提供分布式同步及组服务。

它运行在一个服务器集群上，并使集群可快速协调和可扩展。因为可复制化设计，所以它也是可容错的。

若想了解更多细节，则可以访问 `http://zookeeper.apache.org/`。

Oozie

Oozie 是一个工作流调度程序系统，用于管理各种 Hadoop 任务，如 Java 编写的 MapReduce，其他语言如 Pig、Hive 和 Sqoop 编写的 MapReduce。 它还可以管理特定系统的作业，如 Java 程序和 Shell 脚本。

相对于其他组件，它也是一个可伸缩的、可靠的和可扩展的系统。

若想了解更多细节，则可以访问 `http://oozie.apache.org/`。

Flume

Flume 是一个有效的收集、聚集和移动大量日志数据的分布式的、可靠的、可扩展的、可用的服务。如下图所示，它有一个基于数据流的简单、灵活的架构。

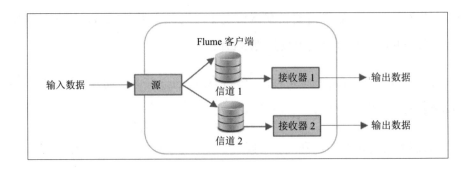

输入数据可以是日志文件、点击流、传感器设备、数据库日志或社交的数据流，输出数据可以是 HDFS、S3、NoSQL 或 Solr[4] 数据。

源（Source）将接收输入数据并将其写入信道（Channel）中。信道提供了顺序流动和持续存在的数据，一旦数据被输送到输出数据（Outgoing Data）存储器中，则接收器（Sink）将删除信道中的数据。

若想了解更多细节，则可以访问 `http://flume.apache.org/`。

Sqoop

Sqoop 是一个被设计来有效地传输 Hadoop 和关系数据库之间大容量数据的工具。

它会执行以下操作：

- 从关系数据库如 Oracle、SQL Server、Teradata 和 MySQL 中导入或导出数据到 Hadoop 中。
- 从关系数据库中导入或导出数据到 HDFS、Hive 或 HBase 中。
- 为数据的快速加载进行并行化传输。

若想了解更多细节，则可以访问 `http://sqoop.apache.org/`。

Hadoop 版本

市面上有许多 Hadoop 版本，一般分为两种类型：就地部署和部署在云上。明确我们应该选择哪些版本是很重要的，在项目的早期阶段就应确定。选择两种不同的版本或综合使用这些版本的方法也并不罕见。

4　一个独立的企业级搜索应用服务器，它对外提供类似于 Web-Service 的 API 接口。

在这里，我们将研究每种方法的利弊。

- 弹性：在云上可以根据使用情况，添加、删除计算和临时数据资源。所以，一分钱一分货，你用了什么功能就得付相应的钱，这是云计算的一个重要优势。在这种前提下，你需要根据使用的高峰期来采购资源并提前计划数据的增长。

- 横向可扩展性：无论是在本地还是在云上部署，只要你喜欢，就可以添加更多的服务器。但是，在云上部署的速度更快。

- 成本：这是值得商榷的，但要通过简单的计算。选择云计算可以帮你节约成本，因为这样会节约人员、技术支持和数据中心的成本。

- 性能：这又是值得商榷的，但如果大部分数据已经存在，则会由于将数据部署在本地而获得更好的性能。

- 易用性：对于缺少专业技术的人员来说，Hadoop 服务器的管理是很难的。擅长 Hadoop 的数据服务器管理员在云上的管理可能会变得更容易。

- 安全性：虽然没有充分的证据证明在本地部署比在云上更安全，但是在将数据从本地机房移到云上的过程中，很难确定敏感数据的安全性，如客户的个人信息。

- 可定制性：在云上配置和编码的能力是有限的，因为软件分布在服务器上。所以，如果有一个高度复杂的定制化需求，则部署在本地更佳。

Forrestor Research 在 2014 年第一季度的报告中宣布了领先的 Hadoop 发行商。在撰写本书时，我们仍在等待 2015 年的新报告，但我们不希望看到任何重大变化。

下图显示了在本地部署和在云上部署领域所有领先的 Hadoop 发行版。

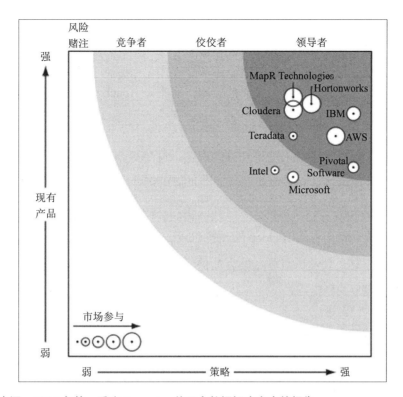

资料来源：2014 年第一季度 Forrestor 关于大数据解决方案的报告。

发行版——本地部署

标准的 Hadoop 发行版（开源的 Apache）如下：

- Hadoop 分布式文件系统（HDFS）。

- Hadoop MapReduce 框架。

- Hadoop 共享库和工具，包括 YARN。

Hadoop 开源的 Apache 组件有很多，如 Hive、Pig、HBase 和 ZooKeeper，每个组件执行不同的功能。

如果它是一个免费的开源软件集合，那么我们为什么不简单地下载、安装和使用不同的发行版压缩包呢？

因为 Hadoop 是一个开源项目，所以大部分厂商通过改善现有代码来增加新的功能，并结合它变成自己的版本。

大多数企业选择使用供应商的版本，而不是 Apache 的开源代码的版本，原因如下：

- 供应商提供了技术支持和咨询服务，这使得企业更容易使用该平台来完成关键任务和企业级任务，并扩展出更多的商业案例。
- 供应商补充了 Apache 工具和自己的工具来解决特定的任务。
- 供应商把所有的 Hadoop 组件打包成一个易于安装的版本。
- 供应商一旦发现漏洞，就会提供修复程序和补丁程序，这使得其解决方案更加稳定。

此外，供应商也将更新后的代码贡献给开源库，以促进整体的 Hadoop 社区的成长。

如下图所示，大部分版本将拥有核心的 Apache 的 Hadoop 组件，并辅之以自己的工具，以提供额外的功能。

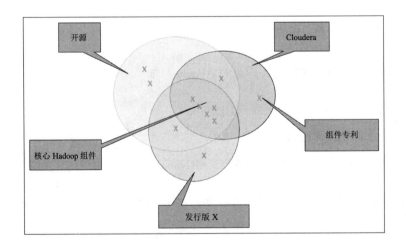

现在至少有十几家 Hadoop 供应商，这里主要介绍市场份额位于前三位的供应商。

- Cloudera：这是最老的供应商，并且有最高的市场占有率，它的组件大多数是免费和开源的。但如果升级为有偿服务，则会得到更多组件。
- MapR：它拥有自己的分布式文件系统（可替换 HDFS）。它的一些组件是开源的，但如果升级为有偿服务，则会得到更多的组件。它的性能比 Cloudera 稍好一些，并有额外的功能，如镜像和无单点故障。
- Hortonworks：它是唯一的完全开源的版本。尽管是一个相对较新的版本，但它拥有较高的市场份额。

也有一些来自 IBM、匹维托软件（Pivotal Software）、甲骨文（Oracle）和微软（Microsoft）等公司的独特的发行版本。它们通常将 Apache 的项目与自己的软硬件结合起来，或与其他发行商合作，提供全面的数据平台。

发行版——云端

它也被称为 Hadoop 即服务。如今，许多云供应商提供了 Hadoop 和用户所选择的发行版，其主要目的是在云中运行 Hadoop，用户只需支付自己所使用的那部分费用即可。

虽然大多数 Hadoop 在本地实现，但云端的 Hadoop 对于想要实现以下目的组织来说是一个很好的选择：

- 降低创新成本。
- 快速采购大型资源。
- 具有可变资源的需求。
- 运行已经在云上的数据。
- 简化 Hadoop 的操作。

据技术商业研究公司（TBR）的研究，公共云计算市场规模在 2014 年达到 670 亿美元，并将在 2018 年增长到 1130 亿美元。这只能证明在未来越来越多的数据将被生成并存储在云上，从而使得数据在云上处理变得更加容易。

有时像 Cloudera、MapR 或 Hortonworks 这样的供应商也是一个选择，将 Hadoop 作为一种服务来提供的顶级供应商如下：

- 亚马逊网络服务（AWS）。
- 微软的 Azure。
- 谷歌云（Google Cloud）。
- Rackspace 公司。

从理论上讲，用户可以运行自己的集群，只要有一张可以透支额度的信用卡或借记卡即可。从云上开始的步骤非常简单：

（1）在云服务供应商那里创建一个账号。

（2）上传数据到云中。

（3）建立你所选择的编程语言的数据处理应用程序。

（4）配置并启动集群。

（5）获得输出。

我们将在后面更详细地讨论这一点。

总结

在本章中，我们对大数据有了概览并认为有必要使用 Hadoop 处理大数据，了解了 Hadoop 架构及其关键组件和供应商，同时了解了 Hadoop 融入更大的大数据的愿景和相关的就业机会。

在第 2 章中，我们将看到大数据在金融部门的应用实例。

第 2 章

金融服务中的大数据

如今，金融服务机构比其他产业产生更多的高容量数据。例如，纽约证券交易所（NYSE）每天产生 1 TB 的市场和参考数据，以及用户每秒产生 10000 次交易记录。因此，对于金融机构来说，利用 Hadoop 来处理大数据是一个很好的机会。

本章将从金融部门的角度来介绍大数据，包括：

- 各个行业的大数据使用情况。
- 金融行业为什么需要大数据？
- 金融部门的大数据应用案例。
- 金融大数据的演进。
- 应该如何学习金融大数据。
- 金融大数据的实现。

各个行业的大数据使用情况

Hadoop 由雅虎（灵感来自谷歌的论文）于多年前开发，由其自身对处理非结构化数据的大规模集合的需要而推动，如图片、评论、视频、网络日志和文档等。这些互联网巨头如雅虎、谷歌、Facebook、eBay 和 LinkedIn 的巨大成功并不令人吃惊。

但在最近几年，特别是由于 Hadoop 框架在稳定性和功能方面的显著改进，Hadoop 已经深入所有行业。我们收集了一些不同行业的成功案例，来为您提供关于 Hadoop 技术的一些很棒的想法。

卫生保健

一家做医疗保健的信息技术（IT）公司已经存储了长达 7 年的有关历史请求和汇款的数据，并且每天都要处理数百万条请求，这在一个传统数据库的合理成本内是不可能实现的。

他们实施了一个大数据解决方案，现在他们：

- 将持续 7 年的索赔和汇款数据存储在 Hadoop 平台上。
- 使用 Hadoop 的分析工具来执行查询。

人类科学

NextBio[5] 需要处理非结构化人类基因组数据，使用他们的 MySQL 关系数据库在合理的成本内是不可能实现的。

他们实施了大数据解决方案，使用 HBase 作为数据存储工具并用 Hadoop MapReduce 任务处理批量的基因组数据。

5　NextBio 是一家私有软件公司，它为制药公司和研究生命科学的人员提供了一个搜索、发现、分享公共和专有数据知识的平台。

电信

中国移动是一家规模庞大的电信公司，每天要存储数十亿客户的呼叫和计费记录，这就要求数据存储和处理工具具有非常高的可扩展性。

他们实施了大数据解决方案，主要包括：

- 使用 HBase 作为数据存储工具来存储完整的数据集，每月增加 30 TB 的数据是很容易实现的。
- 已经达到 100 多个 Hadoop 节点，相对于传统的数据处理解决方案来说既经济又实惠。

在线零售商

Etsy（https://www.etsy.com/）是一家在线零售商，需要分析大量的网络日志数据来计算用户行为并进行搜索推荐。

他们在云上实施了大数据解决方案，主要包括：

- 每晚使用亚马逊的 Elastic MapReduce（Amazon EMR）运行几十个 Hadoop 工作流。
- 使用 MATLAB 进行预测分析，使用可视化工具 Tableau 展示结果。

为什么金融部门需要大数据

大数据不仅改变了医疗、人文科学、电信和在线零售行业的数据愿景，而且改变了金融机构对待他们的海量数据的方式。

如下图所示，一份由麦肯锡（McKinsey）做的关于大数据使用案例的研究指出，金融服务行业有望能充分利用这一显著技术。

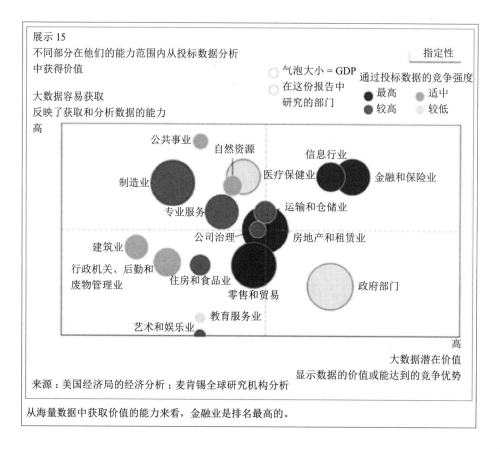

展示 15
不同部分在他们的能力范围内从投标数据分析中获得价值

大数据容易获取
反映了获取和分析数据的能力
高

气泡大小 = GDP
在这份报告中研究的部门

指定性

通过投标数据的竞争强度
最高　适中
较高　较低

公共事业
自然资源
信息行业
医疗保健业
金融和保险业
制造业
专业服务
运输和仓储业
公司治理
房地产和租赁业
建筑业
行政机关、后勤和废物管理业
住房和食品业
零售和贸易
政府部门
教育服务业
艺术和娱乐业

高
大数据潜在价值
显示数据的价值或能达到的竞争优势

来源：美国经济局的经济分析；麦肯锡全球研究机构分析

从海量数据中获取价值的能力来看，金融业是排名最高的。

相对于其他行业，金融机构的数据相对更容易捕捉，因为它可以从内部系统——包括交易和客户的详细信息，以及外部系统——包括外汇利率、法人的数据等中很容易地获得。

最简单的就是让我们的金融服务最大化每个数据字节的增益。

我们从哪里得到金融大数据呢？

数据收集可以发生在每个阶段，无论是吸纳新客户记录、呼叫中心记录还是金融交易记录，都可以收集数据。金融业正在迅速转移到线上，所以它从未能如此轻易地捕捉数据。当然，也有一些其他原因，例如：

- 客户不再需要去银行取钱、存钱或进行投资。他们可以与银行在网上或通过电话会议讨论他们的要求而不是面谈。根据 SNL 金融公司的报告，该机构在 2014 年有 2599 家分行停业、1137 家分行开业，在 2013 年有 1462 家分行停业、1487 家分行开业。此举使得美国分行的数量下降到 94752 家，有 1.5% 的跌幅。这一趋势是全球性的，而不只是在美国。

- 通过电子渠道如借记卡 / 信用卡和移动设备，用户可以与金融机构互动。这种趋势在英国很明显，如下图所示。这种趋势也是全球性的，而不只是在英国。移动设备如计算机、智能手机、电话、平板电脑，对客户来说，可以让交易变得更容易和更廉价。这意味着客户的交易量将更多，同时产生更多的数据。

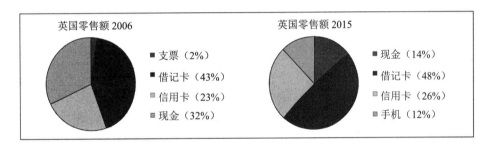

- 由于客户资料和交易模式正在迅速改变，所以基于更小的数据集的风险模型变得不再准确。我们需要分析较长时间的数据，并能编写复杂的数据算法，而不用担心计算和数据存储能力。

- 当金融机构将自己的结构化数据和社交媒体上的非结构化数据结合起来时，数据分析就会变得非常强大。例如，他们可以通过分析 Twitter、Facebook 和其他社交媒体的评论来得到关于他们的新产品或电视广告的反馈意见。

金融部门的大数据应用案例

金融部门有时也被称为 BFSI 部门，也就是银行（Bank）、金融服务（Financial Services）和保险机构（Insurance）。

- 银行业务包括零售、公司、企业、投资（包括资本市场）、卡片和其他核心银行服务。
- 金融服务包括经纪业务、支付渠道、共同基金、资产管理等业务。
- 保险包括人寿险和一般保险。

金融机构一直在积极利用大数据平台，在过去的几年中，他们的主要目标如下：

- 符合监管要求。
- 更好的风险分析。
- 了解客户行为和改进服务。
- 了解交易模式，并使用交叉销售产品的货币化方式。

下面我们将详细讨论金融服务行业运用大数据真正实现商业利益的一些案例。

HDFS 上的数据归档

HDFS 上的数据归档是 Hadoop 在金融机构的基本应用案例之一，这是一个快速成功的案例。它可以提供非常高的投资回报。数据被归档在 Hadoop 上，并且仍然可用于查询（虽然不是实时的），这比归档到磁带上更有效，并且比保存到数据库中更廉价。一些应用案例如下：

- 将昂贵和低效的传统大型机的数据迁移并加载作业到 Hadoop 平台上。
- 将高端、昂贵的数据库上较旧的交易数据迁移到 Hadoop 的 HDFS 上。
- 将非结构化的合法、合规及入职文档迁移到 Hadoop 的 HDFS 上。

监管

金融机构必须符合监管要求。为了满足这些要求，使用传统的数据处理平台正在变得越来越昂贵并且不可持续。

有如下两个应用案例：

- 由于相同或相似的名字有很多，所以通过检查客户的名字来对比制裁黑名单是非常复杂的。当金融机构必须在不同的系统、名称或别名中找到对象的名字时，会变得更复杂。使用 Hadoop，我们可以低得多的成本在庞大的姓名和联系信息数据集中应用复杂的模糊匹配姓名和联系整个庞大的数据集信息。
- BCBS239 监管规定，金融机构必须能够迅速而准确地估计整个集团的风险暴露程度。使用 Hadoop，金融机构可以整合并以最有效和符合成本、效益的方式在单一平台上汇总数据。

欺诈检测

在金融业，预计每年在欺诈中会损失数十亿美元。金融机构已经开始投资于 Hadoop 平台，通过寻找异常的行为模式来识别欺诈性交易。

现在可以在 Hadoop 平台上以低得多的费用将复杂的算法运行在大量的交易数据上，以确定异常值。

交易数据

股市交易数据是实时数据，并且是大规模产生的。对实时数据流可以使用 Hadoop 基础设施的实时数据流工具来实现快速决策，同时对旧的交易数据可以使用 Hadoop 的批处理工具来进行趋势分析和预测。

风险管理

金融机构必须能够为每位客户衡量风险暴露程度，并有效地在整个业务部门中进行汇总。他们应该能够通过内部规则为每位客户计算信用风险。他们需要对底层的海量数据使用密集型计算来建立风险模型。

所有风险管理要求有两个共同点——海量数据和密集计算。Hadoop 可用其价格低廉的商品硬件和并行执行的任务功能同时对二者进行处理。

客户行为预测

一旦将客户数据从各种数据来源中收集到 Hadoop 平台上，便有可能对这些数据进行分析，并且可以：

- 预测抵押贷款违约状况。
- 为零售客户预计支出。
- 分析导致客户离开或不满意的模式。

情感分析——非结构化

情感分析是使用 Hadoop 进行非结构化数据分析的优秀案例。这里有几个实际应用的例子：

- 分析所有的客户电子邮件文本和呼叫记录，这可以透露客户对向他们提供的产品是否有积极或消极的情绪。
- 分析 Facebook 和 Twitter 的评论，做出买入或卖出的建议——分析人们对相关部门或机构的市场情绪是股票投资较好的买入方式。
- 分析 Facebook 和 Twitter 的评论，以评估人们对新产品的反馈意见。

其他应用案例

大数据具有创造金融机构新的非传统收入来源的潜力。金融机构通过存储其零售商的所有付款细节，从而知道他们的客户究竟在何处、何时以及如何花钱。通过分析这些信息，金融机构可以开发深入了解客户智慧和消费模式的工具，从而盈利。可能有如下几个方向：

- 与零售商合作，了解零售商的客户在哪里住、在哪里买、何时买、买了什么、花了多少钱等。这些信息将被用于制定销售策略。
- 与零售商合作，推荐优惠商品给持有会员卡的消费者，这些消费者一般在零售商店中消费。

金融大数据的演进过程

你也许会想，让基础数据智能化是一种新的现象，但在现实中，自从计算机被用于商业用途和开发开始，这种现象便一直存在。

20 世纪 70 年代就有以来自 OLTP 系统中提取的终端为基础的报告。20世纪 80 年代，IT 团队能够使用电子表格通过带有分析功能的桌面工具将

OLTP 系统中的数据和用户界面工具结合起来。

20 世纪 90 年代，Ralph Kimball 和 Bill Inmon 提出了数据仓库的范式，改变了人们使用数据的方式。金融机构能够在他们的数据仓库中以标准化和非标准化的形式存储历史数据及产品、客户数据，可以用于报告或利用分析工具进行分析。金融机构在技术供应商的帮助下，采用大型关系数据库、ETL、分析工具和报告工具在数据仓库上做了大量的实现。

21 世纪，内存变得越来越便宜，同时金融机构能够建立拥有超大内存的并行数据设备，如 Teradata 和 Netezza 公司的高级分析设备。

并行平台中的数据花费为 20000 ～ 100000 美元，并且通常与单一的硬件供应商合作。尽管并行平台拥有极高的性能、维修方便等明显优势，但仍无法应对数据的爆炸式增长。

从 2014 年以来，市场情况变得更加复杂。数百个服务价格昂贵的厂商提供了 ETL、分析、虚拟化、商业智能和数据集成的平台和工具，并都自称在某些方面比别的厂商更好。

但无论情况如何，内存变得越来越便宜，人们对更大的数据集和复杂分析的愿望也更高，这也推动了更多的创新。

值得庆幸的是，我们现有的开源 Hadoop 似乎在可预见的未来将主导人们对数据的愿景。

当某项技术变得足够成熟并且被其他行业证明是好技术时，金融机构才会去接受。Hadoop 是比较新的技术，在不久的将来不会完全取代现有的数据仓库，因为现有的数据仓库被证明技术是有益的。

众多金融机构的典型数据仓库的工作原理如下图所示。

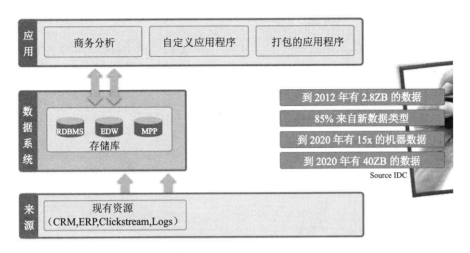

来源于：Hortonworks 网站

但随着数据爆炸和新数据种类的来源不断出现，Hadoop 必须与现有的数据仓库保持一致，实现共享数据负载或承担其他数据源（尤其是非结构化数据）的目的。工作流描述如下图所示。

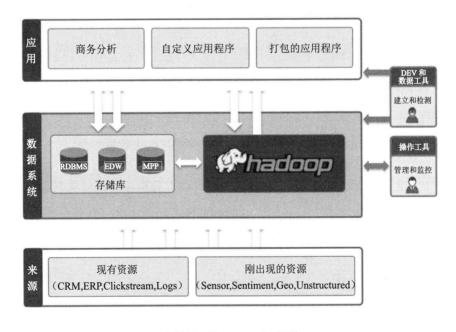

来源于：Hortonworks 网站

金融机构可将 Hadoop 同他们已经习惯了的现有数据库、BI 及 ETL 工具一起使用。大多数领先的数据库、BI 和 ETL 工具提供了连接 Hadoop 的连接器和 API，这使得它们与 Hadoop 有如下图所示的共生关系。

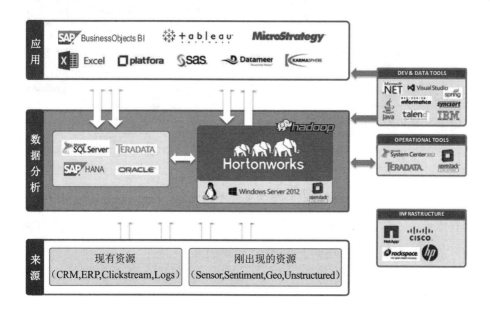

来源于：Hortonworks 网站

大多数大型金融机构将多个数据仓库与多项 ETL 任务数据从源系统移动到数据仓库和下游系统。Hadoop 作为一个"救世主"，可将它们整合在一起，并可能会成为一个横跨整个金融机构的高度可扩展的大数据平台。

把它当作一种进化，而不是革命性地启动大数据项目的效果将会最好。我们建议最初的几个项目应该是小且易取胜的，如将旧的交易数据从昂贵的数据库迁移到 Hadoop 的 HDFS 平台上。

应该如何学习金融大数据

大数据不仅指数据量大，要学习的相关工具和技术也较多。许多工具要么是开源的，要么是基于开源的。此外，我们强烈鼓励开发者和分析人员参加公开论坛，并给他们投稿。同时我们应该现实一点，停止追逐几乎每天在市场上出现的每一个版本或新的工具。

在本节中，我将介绍在金融组织中一个很受欢迎的、固定的工具，它在典型的大数据项目中具有从终端到终端的数据生命周期。我不倾向任何工具，只是提出它们中的几个来分享一些背景知识。

把你的数据上传到 HDFS 上

在使用大数据做任何事情之前，你需要使用各种工具把数据上传到 HDFS 上。

可以把数据上传到 HDFS 上的工具有如下几种。

- Shell 命令：当你的数据文件已经存在于本地网络上时可以使用 Shell 命令访问。在 HDFS 上进行数据操作与 Shell 命令是非常相似的且易于使用。例如，你可以将大的交易数据文件复制到 HDFS 上，进行一些计算后将结果返回并导出到本地。
- Sqoop：当你有数据存在于关系数据库中时可以使用 Sqoop。例如，如果你要求将所有超过 6 个月的交易数据从 RDBMS 移动到 HDFS 上，则使用 Sqoop 是非常方便的。
- Flume：当你需要从网络或系统中收集日志数据并将其加载到 HDFS 上进行进一步分析时可以使用 Flume。例如，如果你需要访问外部系统以获得研究金融新闻的海量数据，则 Flume 是一个很好的工具。

建议自学这些：

- 开发人员：Shell 命令、Sqoop 和 Flume。
- 分析人员：使用 Shell 命令来操作数据进行分析。

从 HDFS 上查询数据

一旦数据被加载到 HDFS 上，开发人员和分析人员需要查询数据，并根据业务需求进行各种变换。

从 HDFS 上查询数据的工具有如下几种。

- Pig：如果你的数据操作是简单的（如过滤、合并和分组），并且你更偏向于程序语言，则 Pig 将是首选。一种很常见的现象是，开发人员将数据加载到 HDFS 上，由分析人员利用 Pig 脚本进行分析。
- Hive：如果你的数据操作是简单的（如过滤、合并和分组），并且你更喜欢 SQL，则可以将 Hive 表映射到结构化的 HDFS 文件中，并使用 Hive 查询语言进行查询。
- 基于 Java 的 MapReduce：主要使用 Java 来编写 Map 和 Reduce 程序，一般适合需要高层次语言的非常复杂的算法，如 Pig 和 Hive 程序。
- 基于非 Java 的 MapReduce：你也可以自己选择编程语言编写 MapReduce 任务并在 Hadoop Streaming 工具上执行它们。如果用其他编程语言编写的代码能够移植到 Hadoop 上，则可能是有用的。
- 其他 Apache 和行业工具在设计时充分利用了 SQL，如 HDFS 存储的查询。这样的产品如 Greenplum、Hadapt 和 Impala。

建议自学这些：

- 开发人员：虽然不是必需的，但如果你学习 Java 则将是有益的，因为可能有必要写 MapReduce 的 Java 程序。学习 Pig 和 Hive 也将是非常有用的。

- 分析人员：学习 Pig 和 Hive 来进行数据分析。

在 Hadoop 上的 SQL

参与过数据项目的人都知道用编写的 SQL 查询数据是多么有用。你可以在 Hadoop 平台上使用应用 SQL 层的多个成熟的产品。其中一些是：

- Hive：你可以使用 HiveQL 查询直接从数据源中创建自己的 Hive 表和加载数据。

- Stinger.Next：截至目前，Hive 仍然仅允许一次写入只读数据库且不允许更新和处理事物。Stinger.Next 于 2014 年后期发布，并且从 2015 年中期开始提供可伸缩的亚秒级查询响应，并提供插入、更新和删除事务的顶级项目。

- Drill：Drill 基于谷歌的 Dremel（也被称为 BigQuery），是一种低延迟查询工具，允许多种类型的数据并行存储。

- Spark SQL：它可以在金融机构内部实时地在内存中并行处理位于 Hadoop 中的数据。Spark SQL 是建立在 Spark 上的，并且由于其在内存处理上的强大功能，数据处理速度比 Hive 快 10 ～ 100 倍。

- Phoenix：这是一个 HBase 的 SQL 工具，内置低延迟和读 / 写操作。

- Cloudera Impala：和 Hive 一样，它使用类似的语法查询 Hadoop 的数据，但不使用基于 MapReduce 的执行。

- 其他厂商如 HAWQ 的 Pivotal HD、甲骨文（Oracle）的 Big Data SQL 和 IBM 的 Big SQL。

建议自学以上这些工具，但是只要你熟悉基本的 SQL 语句就已经足够了。

实时

Hadoop 被设计成一个批处理程序，而不是一个真正的实时分析系统。即使我们听到的实时工具如 Storm、Spark 和 IBM 的 InfoSphere Streams 也是接近实时或小型的批处理，然而，也可以认为是实时的，因为对于具有亚秒级反应的人眼来说会感到实时。

实时分析将用于信用卡欺诈分析、实时的呼叫中心数据处理或股指模式。

在这种模式下的主要工具有：

- 数据库需要的适合面向宽列的 NoSQL，如 HBase 或 Cassandra。
- Spark 是由 Scala、Java 和 Python 编程支持的内存引擎。
- 基于 Lucene、ElasticSearch 和 Solr 的搜索和索引软件，用于实时网络搜索和推荐。
- Kafka 仍然是发布 – 订阅系统中的顶级 Apache 项目。

建议自学这些：

- 开发人员：虽然略有提前，但如果数据实时处理让你兴奋，那么学习至少一个宽列的 NoSQL 数据库和 Spark 将是一个良好的开端。
- 分析人员：除了在 HBase 上编写基本的 SQL 查询，学习 Spark SQL 将非常不错。

数据治理和运营

我们在前面的章节中略微讨论了一下广泛使用的几种 Apache 工具，分别是 Apache 的 Falcon、Sentry、Kerberos、Oozie 和 ZooKeeper。很多时候，Hadoop 发行版提供了带有更友好的用户界面的数据管理工具。

建议自学这些：

如果开发人员能够使用 Falcon、Oozie、ZooKeeper，或供应商提供的管理工具，则会很有帮助。然而，有些人可能会认为这些任务是管理员的责任。

ETL 工具

除了由 Apache 的 Hadoop 工具提供的 ETL 功能，昂贵的 ETL 工具，如 Informatica、DataStage、SAS、Talend、Syncsort 等提供了到 Hadoop 平台的连接器，有的甚至允许生成在 Hadoop 引擎上直接运行的可执行文件。关键的卖点是：

- 不需要编码，因此易于维护代码。
- 可以继续雇佣 ETL 工具内部的专家，而不是雇佣新的程序员。

建议自学这些：

ETL 工具是第四代拖放工具，可以很快学会。

数据分析和商业智能

R 无疑是统计分析中最常用的工具，但需要有一个略微好一些的用户界面能被金融机构广泛接受。

虽然金融机构有昂贵的商业智能（BI）工具作为其现有数据仓库和商业智能平台的一部分，但新的商务智能工具，如 Tableau、Pentaho、Spotfire 和 Datameer 更适合 Hadoop，并且它们已经在金融部门得到应用。

建议自学这些：

分析人员可以学习 R 及其组织使用的一种商业智能工具。

金融大数据的实现

在任何大数据项目拉开序幕前，就像任何其他项目一样，如果想要成功，则必须有一定的先决条件。

- 业务需求：与企业用户合作来了解他们的需求——当前的数据系统、新的数据来源和可能的机会存在的问题。我们需要有确定的大数据问题。
- 差距分析：了解当前和未来的状态，并列出所有的差距——改变数据接口、数据管理、数据架构、数据可视化等。
- 项目计划：业务、大数据和技术架构的细节，包括资源需求和投资上的明显回报。

关键挑战

由于 Hadoop 是一种新技术，所以将其纳入金融机构并不容易，正面临着各种障碍，例如：

- 个人因素：没有业务部门想成为第一个探索技术的，特别是当他们对投资回报没有充分的信心的时候。
- 技术资源：该项技术是新的，因此聘请有 Hadoop 经验的人是非常困难的。即使金融机构从其他行业找到会 Hadoop 技能的人，他们也会缺乏金融方面的知识。

- 炒作：还有各种各样的炒作现象，从而导致不合理的预期。
- 太灵活或过于僵化：Hadoop 的生态系统是开源的，其成分也会随着新版本的发布而随时得到更新。通常没有停机时间和由于升级技术故障所带来的风险，因此金融机构升级有些慢。寻求平衡是一个关键的挑战。
- 安全性：当涉及安全性时，金融机构就会变得有点偏执，尤其是将数据放在云上。安装在完全安全环境下的 Hadoop 集群是必需的，它使得只有授权的用户可以访问该数据，并且对数据传输进行加密。
- IT 基础设施管理可能会反对廉价的商品硬件，因为它一般无法满足金融机构设定的标准。

克服挑战

开始于小的"唾手可得的果实"——流程已经结构化，为此也节约了成本，最受益的是那些容易量化的数据。

即使许多人认为成功的 Hadoop 实现依赖于 IT 部门或技术部门，然而事实并非如此。对于任何 Hadoop 实现，这些变化需要通过它的企业文化、运营模式和数据架构削减来实现。

- 企业文化：除了现有的分析平台，企业必须确信在 Hadoop 上进行分析的优势。他们需要对整个项目周期，如规划、理念、实施证明及后期实现充满信心。
- 运营模式：组织必须启动整个企业的技术部门分享知识。大多数大型银行有一个中央组级别的首席数据功能，他们应该有一个中央大数据咨询小组。
- 数据架构：数据架构需要非常敏捷，并且由于 Hadoop 仍在发展，架构需容纳所有新增的成熟技术。

大多数金融机构的成功实施通常分三步进行，将在接下来的三节中讨论。

产生兴趣——试验田

由于围绕该技术的炒作，某些金融机构有可能有一个好的利率水平，但需要通过提供实践经验和分享成功的结果来持续推动。

某些组织可能为开发人员和分析人员提供加载和分析实际或检验数据的 Hadoop 试验田。Hadoop 平台既可以利用未使用的服务器，也可以利用战略采购的 Hadoop 服务器，其中包括开发版本、测试和生产。

开发人员和分析人员应该做些什么？

- 上传数据到 Hadoop，并且开始编写 MapReduce 程序来分析数据。
- 在 Hive 上创建自己的模式或将 Hive 映射到 HDFS 上现有的文件中。
- 在 HBase 或其他 NoSQL 数据库上创建自己的模式。
- 在 HDFS、Hive 或 HBase 上编写查询。
- 使用统计语言（如 R）并连接你的 BI 工具集成到 Hadoop 上进行实验。

最重要的是，开发人员和分析人员应与企业用户和金融机构在更广泛的社区分享他们的成果。这是在转入下一步——做真实数据项目和获取商业利益——之前所经历的关键一步。

请配合你的经理进行合规性检查，以确保哪些东西可以在你的 GitHub 账户上共享。通常情况下，代码和数据的结果不能在金融机构外部分享。

以一个低成本的项目运作

一旦商业利益被记录，数据和技术架构被设计好，并且团队已经熟悉 Hadoop 工具后，是时候来做一个小项目或关于概念证明的一个大项目了。

开发人员和分析人员应该做些什么？

- 当出现新的工具和技术时，既不要气馁，也不要太激动。现有的工具仍然可以使用，当有真正需要时把你的新工具转移过去即可。
- 了解如何进行敏捷开发或敏捷项目管理方法的工作原理，因为 Hadoop 项目很有可能是基于这一点的。
- 是时候加深你的技术深度了，无论是开发技能还是分析能力。
- 你需要掌握至少几个 Hadoop 组件，如 Hive、Pig 或 MapReduce，以及一个商务智能或分析工具，如 R、QlikView 和 Tableau。

Hadoop 是活的——现在让它扩展起来

一旦该项目建成投产，则最低期望是：

- 该业务能充分获益，并且使用者能充分接受对于新工具的培训。
- 能够配置灾难恢复机制并证明它是行之有效的。金融组织中的任何数据系统在用于生产时如果没有灾难恢复机制，则是完全不可能实现的。

开发人员和分析人员应该做些什么？

- 不断探索新的商业案例和工具。
- 添加更多的数据源，如 Hadoop 对于更多的数据更有效。
- 扩展你的 Hadoop 来支持企业级项目。

总结

在本章中，我们学到了不同行业的 Hadoop 使用情况，然后在金融行业内详述了一些使用案例；同时解释了为什么金融业通过使用 Hadoop 将会获益，该行业的大数据是如何逐步发展的，有什么典型的挑战及生命周期的实施；此外还强调了学习大数据技术依赖兴趣和需求。我鼓励你使用供应商提供的手册和 Apache 文档去学习 Hadoop，因为后面的章节会需要一些实际操作。

在下一章中，我将探讨一个在云中使用 Hadoop 的小规模风险模拟项目。

第 3 章

3

在云端使用 Hadoop

在云端使用 Hadoop 可以用非常低的初期投资来实现，并且实践证明非常适合具有可变 IT 资源要求的数据系统。在这一章中，我们将讨论有关云端的 Hadoop 故事和 Hadoop 是如何在云端为银行提供服务的。

本章将涵盖在云端使用 Hadoop 风险模拟项目全部数据的生命周期。

- 数据收集——获取该数据并上传到云端。
- 数据转换——使用给定的算法进行迭代仿真。
- 数据分析——分析输出结果。

如果需要深入研究，那么我建议你参考 Hadoop 云端供应商的文档。

大数据云的故事

在过去的几年中，云计算在银行内部的使用增长很快，因为它能够提高银行的应用程序性能，提高敏捷性，最重要的是能够降低 IT 成本。随着将应用程序移动到云端，降低了运营成本和 IT 复杂性，它可以帮助银行把重点放在核心业务上，而不是花费在技术支持上。

基于 Hadoop 的大数据平台和任何其他的云计算平台及一些金融机构已经在云端使用 Hadoop 计算实施项目是一样的。

原因

至于银行方面，特别是投资银行，业务波动剧烈，并且是由市场驱动的。波动业务意味着波动交易量和可变的 IT 资源需求。如下图所示，传统的内部部署对于 IT 峰值有一个固定的服务器数量，但实际上对 IT 能力的需求是变化的。

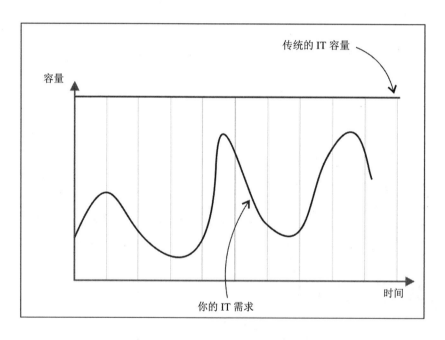

如下图所示，如果一家银行计划拥有比最大使用量（银行的必要条件）更多的计算机容量，则将会产生极大的浪费；但如果计划将计算机容量设为需要的波动平均值，则将会导致处理队列和客户的不满。

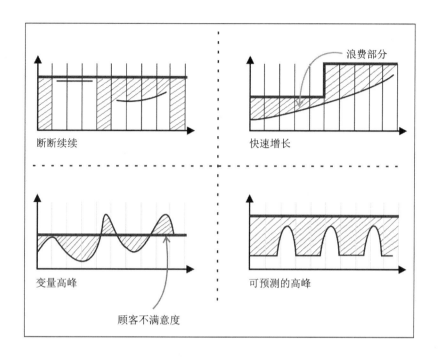

有了云计算，金融机构只需为他们所使用的 IT 容量支付费用，这是在云端使用 Hadoop 的首要原因——弹性能力和弹性定价。

第二个原因是概念证明。对于每一个金融机构来说，在采用 Hadoop 技术之前最大的困惑是"它真的值得吗"或者"在 Hadoop 还没有完全成熟之前，我应该在硬件和软件方面进行投资吗"。你可以在几分钟内简单地创建 Hadoop 集群，做一个小的概念证明并验证收益。然后，或者在你的云端扩展更多的案例，或者继续使用它（如果你喜欢）。

时机

看一看下面的问题。如果你对任何一个有关大数据问题的回答是肯定的，那么在云端使用 Hadoop 可能是你前进的方向。

- 数据操作非常密集，但不可预知。

- 在不购买硬件和软件的情况下做一个小的概念证明。
- 让运营成本非常低廉，或由外部供应商管理。

收获

如果云计算能解决所有的大数据问题，那么为什么不是每家银行都使用它呢？

- 在可预见的未来，最大的问题依然是云中数据的安全问题，尤其是客户的私人数据。当前高级经理担忧数据的安全性，他们想在云上安全地使用数据并且实现他们的想法。
- 性能依旧不及在本地的部署安装。在虚拟机环境中，磁盘 I/O 是一个瓶颈。尤其是混合的任务，如 MapReduce、Spark 等，当多个并发用户在同一个集群上使用时，你会感到性能会受到很大的影响。
- 一旦数据放在云中，就需要厂商管理日常的维护任务，包括日常操作。在云端的 Hadoop 执行将导致开发和操作角色合并，从银行职能部门的角度来看，这是略违反规范的。

在接下来的部分，我会举一个最流行的案例：银行的风险部门在云端实施 Hadoop。

项目细节——在云中进行风险模拟

风险价值（VaR）是一种用来计算投资组合的金融风险的非常有效的方法。蒙特卡罗模拟是一种用计算机生成的一系列场景来产生金融风险的方法。该方法的有效性取决于运行的场景数量，越多越好。

目前，银行使用复杂的算法运行蒙特卡罗模拟来计算风险价值，通过模拟不同的风险情况来评估客户的风险指标。该模拟需要高计算能力产生数以百万计的模拟；甚至使用高端计算机，它需要 20 ~ 30 小时来运行该应用程序，这样既费时又昂贵。

解决方案

对于我们的例子来说，我们使用带有 **Elastic MapReduce**（**EMR**）的亚马逊网络服务（AWS），使用 MapReduce 模型并行运算蒙特卡罗模拟。但值得注意的是，这个模型可以在任何 Hadoop 云计算平台上实现。

银行将客户的投资组合数据上传到云存储（S3）；利用现有的算法开发 MapReduce；按需使用 EMR 的其他节点并行执行 MapReduce，并将结果返回 S3，同时释放 EMR 资源。

> HDFS 自动分布在数据节点上。如果你停止使用节点，则在数据节点上的 HDFS 数据都将因此丢失。因此，始终把你的持久性数据放在 S3 上，而不是放在 HDFS 上。

现实世界

银行将客户的投资组合数据加载到高端的风险数据平台，并应用配置的迭代次数进行并行的编程迭代。对于每一个投资组合和迭代，将当前的资产价格和各种随机变量使用下面的函数来计算未来的资产价格。

$$\Delta S_{t+1}=S_t(\mu\Delta t+\sigma\varepsilon\sqrt{\Delta t}\,)$$

$$\Delta S_{t+1}=S_{t+1}-S_t$$

这里：S_t 是在 t 时刻资产的价格；

　　S_{t+1} 是在 $t+1$ 时刻资产的价格；

　　μ 是资产回报率的均值。

　　每次迭代时资产价格都会波动。以下是 15 次迭代的例子，初始价格为 10 欧元。

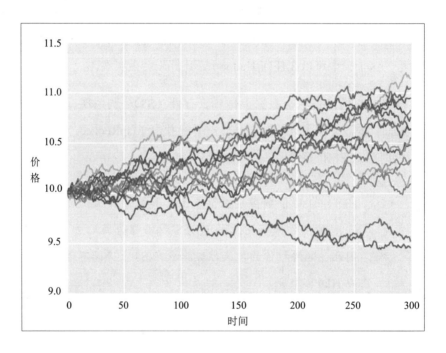

　　对于大的迭代次数来说，资产价格将遵循正常的模式。如下图所示，在 99% 处的风险价值是 0.409 欧元，它被定义为有 1% 的概率使资产价格在 300 天后下降超过 0.409 欧元。因此，如果客户的投资组合中有 100 个单位的资产价格，则对于他的投资组合来说风险价值是 40.9 欧元。

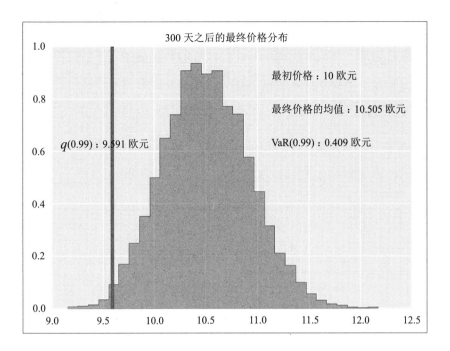

结果只是一个估计，其准确度是迭代次数的平方根，这意味着 1000 次迭代将使它的准确率提高 10 多倍。迭代可以从几十万次到几百万次，甚至即使在有强大功能且昂贵计算机的地方，迭代可能需要 20 多个小时才能完成。

目标世界

总的来说，如果用 MapReduce 进行并行化处理，则将使得处理时间降低到不足 1 小时。

首先，他们必须将客户的投资组合数据上传到 Amazon S3。然后，他们将应用相同的算法，同时使用 MapReduce 程序和亚马逊的 EMR 进行大量的并行迭代，并将结果返回 S3。

这是一个典型的弹性容量例子——客户数据可以被分区，每个分区可以独立地进行处理。执行时间将随着并行执行的数目增加几乎呈线性下降。它们将产生数百个节点，尽可能快地容纳数百个并行迭代，并且一旦执行完成就立即释放资源。

下图是由 AWS 网站提供的示意图。我建议你访问 http://aws.amazon.com/elasticmapreduce/ 了解更多详情。

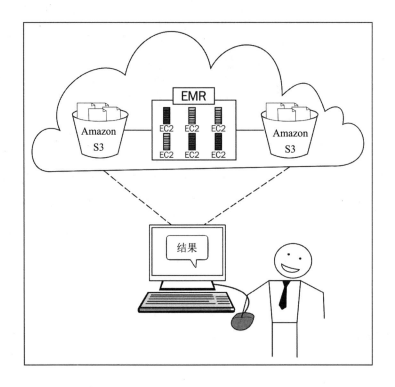

数据收集

该项目使用 Amazon S3 [其中 S3 代表简单的存储服务（Simple Storage Service）] 存储数据。它可以存储任何东西，具有无限的可扩展性，并具有 99.999999999% 的耐用性。

如果你有更多资金，并且想要更好的性能，则可以将数据存储于：

- Amazon DynamoDB：这是一个具有无限的可扩展性和极低延迟的 NoSQL 数据库。

- Amazon Redshift：这是一个可存储 PB 级规模数据的关系并行数据仓库。如果性能是你的首要选择，那么你应该使用它。相比于 DynamoDB，Redshift 更加昂贵，1TB 数据一年的存储费用大约是 1000 美元。

配置 Hadoop 集群

读者可以访问 http://docs.aws.amazon.com/ElasticMapReduce/ latest/DeveloperGuide/emr-what-isemr.html 查看完整的文档和相关的截图。

亚马逊 Elastic Compute Cloud（EC2）是一个单一的数据处理节点。亚马逊 Elastic MapReduce 是 EC2 处理节点使用 Hadoop 框架全面管理的集群。配置步骤基本如下：

1．注册一个亚马逊账户。

2．创建一个默认的亚马逊分布式的 Hadoop 集群。

3．因为风险模拟将是一个内存密集型操作，所以要配置具有高内存和 CPU 的 EC2 节点。

4．配置你的用户角色及与它相关的安全性。

数据上传

现在你要将客户投资组合和参数数据上传到 Amazon S3，步骤如下：

1．在 Amazon S3 上创建一个输入桶（Input Bucket），这就好比一个目录，并且必须具有唯一的名称，类似于 < 组织名称 + 项目名称 + 输入 >。

2. 使用一个安全的企业网络上传源文件。

如果有机会，那么我建议你使用亚马逊的两种数据传输服务中的一种，即 AWS 导入 / 导出或 AWS 直连（Direct Connect）。

其中，AWS 导入 / 导出服务包括：

- 使用 Amazon 格式将数据导出到便携式存储设备，如硬盘、光盘等，并将数据发送到亚马逊。
- 亚马逊使用其高速内部网络将这些数据导入 S3，并返回便携式存储设备。
- 这个过程需要 5 ~ 6 天，只建议初始大数据负载，而不是增量加载。
- 该指引是简单的——计算出你的数据大小和网络带宽。如果上传时间为几星期或几个月，则最好不要使用这项服务。

AWS 直连服务包括：

- 使用带宽为 1 ~ 10Gbit/s 的设备建立从本地部署的数据中心到 AWS 的专用网络。
- 如果需要在亚马逊的平台内或平台外导入 / 导出大量数据，那么也可以使用这项服务。

数据转换

将现有的模拟程序重写为 Map 和 Reduce 程序并上传到 S3。函数的逻辑将保持不变；你只需要按照下面的模板使用 MapReduce 框架的代码重写程序，并将其编译为 `MapReduce-0.0.1-VarRiskSimulationAWS.jar` 即可。

映射器（Mapper）的逻辑是将客户的投资组合数据拆分到分区并在每个分区应用迭代模拟。减速机（Reducer）的逻辑是聚合映射器的结果，包括价值和风险。

```
package com.hadoop.Var.MonteCarlo;

import <java libraries>;
import <org.apache.hadoop libraries>;

public class VarMonteCarlo{

  public static void main(String[] args) throws Exception{
    if (args.length < 2) {
      System.err.println("Usage: VAR Monte Carlo <input path>
      <output path>");
      System.exit(-1);
    }
    Configuration conf = new Configuration();
    Job job = new Job(conf, "VaR calculation");
    job.setJarByClass(VarMonteCarlo.class);

    job.setMapperClass(VarMonteCarloMapper.class);
    job.setReducerClass(VarMonteCarloReducer.class);
    job.setMapOutputKeyClass(Text.class);
    job.setMapOutputValueClass(Text.class);
    job.setOutputKeyClass(Text.class);
    job.setOutputValueClass(RiskArray.class);
    FileInputFormat.addInputPath(job, new Path(args[1]));
    FileOutputFormat.setOutputPath(job, new Path(args[2]));
    job.waitForCompletion(true);
  }

  public static class VarMonteCarloMapper extends
  Mapper<LongWritable, Text, Text, Text>{
    <Implement your algorithm here>
  }

  public static class VarMonteCarloReducer extends Reducer<Text,
  Text, Text, RiskArray> {
    <Implement your algorithm here>
  }
}
```

一旦 Map 和 Reduce 代码开发出来，请按照下列步骤操作：

1. 在 Amazon S3 上创建一个输出桶（Output Bucket），它就像一个目录，并且必须具有唯一的名称，类似于 < 组织名称 + 项目名称 + 结果 >。

2. 使用以下参数创建一个新的工作流程。

- 输入位置（Input Location）：这个输入带有客户的投资组合数据文件的 S3 存储目录。

- 输出位置（Output Location）：这个输出带有模拟结果的 S3 存储目录。

- 映射器（Mapper）：文本框应设置为 `java-classpath MapReduce -0.0.1-VarRiskSimulationAWS.jar com.hadoop.Var.MonteCarlo.JsonParserMapper`。

- 减速机（Reducer）：文本框应设置为 `java-classpath MapReduce -0.0.1-VarRiskSimulationAWS.jar com.hadoop.Var.MonteCarlo.JsonParserReducer`。

- 主 EC2 实例：这里选择较大的实例。

- 核心 EC2 实例：这里选择较大的实例并选择一个较低的计数。

- 任务 EC2 实例：这里选择较大的实例并选择一个必须符合风险模拟且迭代次数非常高的计数。

3. 执行工作流程，并监测进展情况。

4. 作业预计在一小时内完成。

5. 将模拟结果写入 S3 的输出桶中。

数据分析

你可以从 Amazon S3 的输出桶中下载模拟结果，并利用本地工具作进一步的分析。

在这种情况下，你应该简单地下载局部数据，这样一来结果容量就会相对较低。

总结

在本章中，我们学习了大数据如何及何时可以在云端进行处理，从配置、收集、转换到数据分析进行了讲解。

目前，对于银行来说，由于对数据的安全性和性能有一些担忧，Hadoop 的云端应用还不是很普遍。然而，这是值得商榷的。

对于本书的其余部分，我将只使用本地部署的 Hadoop 实现讨论相关项目。

在下一章中，我将列举一个中等规模的本地部署 Hadoop 的项目，以便读者能更详细地了解 Hadoop。

第 4 章

使用 Hadoop 进行数据迁移

在这一章中，我会举一个在银行中最流行的案例，即将数据从传统的关系型数据源迁移到 Hadoop 上。这也被称为联机数据归档。你可以以更便宜的磁盘归档自己的数据，但仍然能够处理这些数据。

在这一章中，我将介绍项目的整个数据生命周期：

- 数据收集——使用 Shell 命令和 Sqoop 收集数据。
- 数据分析——使用 Shell、Hive 和 Pig 分析数据。

本章将结合几个代码模板，显得更有技术一些，但我会尽量保持简单。如果你需要深入研究，那么我建议你参考 Apache 的 Hadoop 文档（http://hadoop.apache.org/）。

项目细节——归档你的交易数据

当我们在任何一个金融组织取得新的数据仓库时，基本设计基于的是"我们需要存储什么并且存储多长时间"这个问题。

当向企业询问这个问题时，他们的回答很简单——一切和永远。即使监管要求，如 Sarbanes-Oxley、MiFiD 和 Dood-Frank 法案规定我们需要存储至少 5～7 年的数据记录并在一个合理的时间内是可以访问的。如今，这个合理的时间不是几个星期，和以前一样，而是以天的顺序甚至一个工作日内为某些特定类型的数据。

在银行，数据仓库大多建在非常昂贵的高性能的企业级数据库中。因此，他们在细分的层次上只保留最新数据（或者说近一年的）并总结过去 5～10 年的交易、位置和事件数据。他们将旧的数据转移到磁带或光盘中以节省成本。但是，这种方法的一个大的问题如下图所示——详细的数据变得不可访问，除非它被恢复到数据库，但这将再次花费时间和金钱。

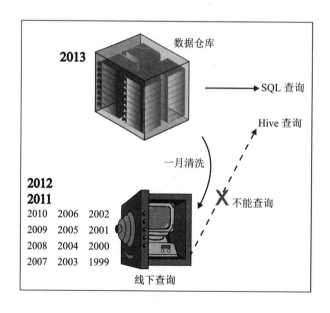

存储的问题甚至更糟糕，因为在数据仓库中，一般的交易、事件和位置表中都包含几百列。

事实上，企业大多对日常的基础表中的第 10～15 列数据感兴趣，而对其他所有列都很少查询。但企业仍然希望在他们需要时能够灵活地查询不经常使用的列。

解决方案

Hadoop 的 HDFS 是一个低成本的存储，具有无限的可扩展性，因此对于这种情况下的使用是最佳的解决方案。人们可以把从昂贵的高性能的数据库中存储的历史数据存档到低成本的 HDFS 中，并且仍然可以用来处理。

基于 Hadoop 只需添加更多数据节点就可以水平扩展的特点，企业可以存储他们想要的尽可能多的数据。正如你从下图中看到的，数据存档在 Hadoop 的 HDFS 上，而不是存档在磁带或光盘介质中，这就使得数据存取变得非常迅速。这也为存储在 HDFS 上的不太常用的列提供了灵活性。

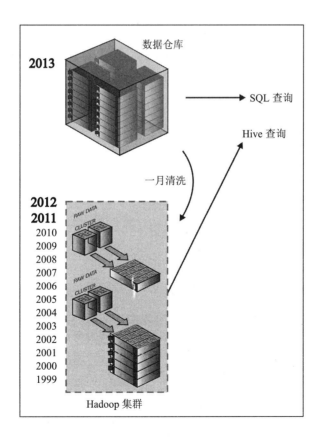

一旦数据存储在 HDFS 上，就可以使用 Hive 或 Pig 进行查询。开发人员

还可以编写 MapReduce 任务执行稍微复杂的数据访问操作。

低成本数据仓库的在线归档是一个最简单的 Hadoop 项目，对投资来说几乎可以做到即刻回报。

在这一章中，我将讨论将数据归档到 Hadoop 的两个阶段。

- 第一阶段：从源系统加载交易数据到关系型数据仓库，装载经常使用的列到数据仓库和所有列到 HDFS。
- 第二阶段：从关系型数据仓库中将超过一年的所有交易数据迁移到 HDFS。

项目第一阶段——分裂交易数据到数据仓库和 Hadoop

当前被加载到关系型数据仓库的交易数据将被分成两个部分——经常使用的关键业务数据列和一整套的数据列。

关键业务数据列将被加载到关系型数据仓库，并且一整套的数据列将被简单地归档到 HDFS 中。

现实世界

衍生品交易数据作为一个非常大的文件每晚被加载到一个数据仓库系统的文件服务器上。该文件被加载到临时表中，随后进入两张非常大的数据仓库表中。

- derivative_trade（带有唯一的业务关键型列的主要衍生品交易表）——存储 5 年的交易数据。
- derivative_trade_all（带有所有列的衍生品交易表，因为业务还没有明确地定义它们需要访问哪些列）——存储 1 年的交易数据。

在第一阶段实施之前，当前的数据流如下图所示。

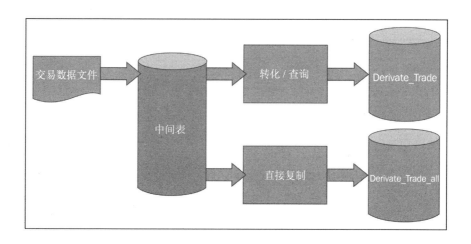

derivative_trade 表有 14 个关键的业务列，如下：

Trade Number	Transaction Type
Trade date	Value date
Account Number	Buy Sell flag
Party ID	Quantity
Counterparty ID	Price
Business date	Total commission and fee
Market	Trade currency

即使每天有包含 14 列数据的上百万的交易数据，一年内的数据量也很容易达到 TB 级。

 本章所使用的表中的列都只是一个指南。在你的系统中使用的实际列应该由业务需求来驱动。

我会给你一个完整的存储在许多交易数据仓库中的衍生品交易的表结构（具有 80 多列）。如果你与具有 14 列的 derivative_trade 表进行比较，则会显示有多少数据可以被存储在数据仓库中，但这样做并没有太多益处。

完整的交易表 derivative_trade_all 如下所示：

Premium	Suppress Other Charges Flag
Execution Type	Other Charges Currency
Open Close Flag	Fee Amount 6
LME Trade Type	Suppress Fee 6 Fee Flag
GiveIn Or GiveOut Trade	Fee 6 Currency
Give Up Firm	Back Office Charge
Cabinet Trade Type	Suppress Back Office Charge Flag
CTI Code	Back Office Charge Currency
Commission Rates	Floor Charges
Counterparty Commission Rates	Suppress Floor Charges Flag
Commission Value	Floor Charges Currency
Counterparty Commission Value	Suppress Order Desk Charges Flag
Commission Currency	Other Allocation Charges Currency
Counterparty Commission Currency	Order Desk Charges
Tax Amount	Order Desk Charges Currency
Counterparty Tax Amount	Wire Charges
Premium Held/Paid Flag	Suppress Wire Charges Flag
Post Comms Upfront Flag	Wire Charges Currency
Comm Override Flag	Group Code 1
EFP Cash Date	Group Code 2
Clearing Fee	Group Code 3
Suppress Clearing Fee Flag	Group Code 4
Clearing Fee Currency	Group Code 5
Exchange Fee	Group Code 6
Exchange Fee Currency	Group Code 7
Suppress Exchange Fee Flag	Group Code 8
NFA Fee	Group Code 9
Suppress NFA Fee Flag	Group Code 10

NFA Fee Currency	Commission Currency
Execution Charge	Counterparty Commission Currency
Suppress Execution Fee	Clearing Fee Currency
Execution Fee Currency	Exchange Fee Currency
Fee Amount 5	NFA Fee Currency
Suppress Fee 5 Fee Flag	Execution Fee Currency
Fee 5 Currency	Fee 5 Currency
Give in Give Out Charges	Give In Give Out Currency
Suppress Give In Give Out Flag	Brokerage Currency
Give In Give Out Currency	Other Changes Currency
Brokerage Charge	Fee 6 Currency
Suppress Brokerage Flag	Back Office Charge Currency
Brokerage Currency	Floor Charges Currency
Other Charge	Other Allocation Charges Currency
Other Allocation Charges	Other Desk Charges Currency
Suppress Other Allocation Charges Flag	Wire Charges Currency

即使每天有包含 88 列数据的上百万的交易数据，在 3～4 个月内整张数据库表的容量能达到 TB 级。

目标世界

在项目的第一阶段，他们在一个数据仓库系统的登录文件服务器上每晚持续获得衍生品交易的一个非常大的文件，并且该文件仍然会和以前一样，以完全相同的方式被加载到临时表和 derivative_trade 表中，但他们将停止将其加载到数据库 derivative_trade_all 表中，而是将文件从登录服务器加载到 Hadoop 中，这样就节省了他们在数据库存储方面的开支。

第一阶段实施后的数据流如下图所示。

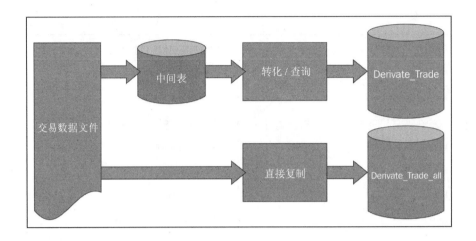

数据收集

HDFS 的数据管理和 Shell 命令非常相似。我们将简要介绍某些配置和假设。

- 配置 HDFS 中的目标位置。我建议你遵循一个很好的目标目录的约定，如 `<default_directory>/<system_name>/<purpose>/<file_or_table_name>`。该系统名称可以是诸如 `trade_db` 这种名字，它的目的可以被理解为存档（archive）或分析（analytics）。
- 假定目标路径是 `<default_directory>/trade_db/archive/derivative_trade_all`。
- 可以使用 PuTTY 或任何其他 Linux SSH 客户端连接到所述数据仓库文件登录服务器与 Hadoop 服务器。
- 我们假定所有的历史衍生文件被存档到文件登录服务器上。

如何做

请按照以下步骤将交易数据归档到 HDFS。

1. 在 HDFS 上使用以下命令创建目标路径：

```
hdfs dfs -mkdir <default_directory>/trade_db/archive/
derivative_trade_all
```

2．使用下面的命令在 HDFS 上验证目标位置：

```
hdfs dfs -ls
<default_directory>/trade_db/archive/derivative_trade_all
```

3．使用以下命令从登录服务器上传文件到 HDFS 的目标位置：

```
hdfs dfs -put
<landing_server_directory>/derivative_file_all_<YYYMM.txt
<default_directory>/trade_db/archive/ derivative_trade_all
```

你可以选择使用这样的命令：

```
hdfs dfs -copyFromLocal
<landing_server_directory>/derivative_file_all_<YYYMMDD>.txt
<default_directory>/trade_db/archive/derivative_trade_all/
derivative_file_all_<YYYMMDD>.txt
```

4．通过运行下面的命令验证在 HDFS 上的文件：

```
hdfs dfs -ls <default_directory>/trade_db/archive/
derivative_trade_all
```

5．如果一切正常，则利用一年的历史数据文件重复这个练习。

6．可将每日装载命令打包成一个脚本和列表。

7．如果你仍怀念你的 SQL 类型的数据仓库，那么建议你创建外部配置
Hive 表。外部表可简单地将 HDFS 文件映射到 Hive 表。假设数据文件之间
采用逗号分隔，则下面的命令模板可以用来创建一张 Hive 表：

```
CREATE EXTERNAL TABLE IF NOT EXISTS derivative_trade_all (
Premium              FLOAT,
Execution_Type        STRING,
Open_Close_Flag       STRING,
LME_Trade_Type        STRING,
GiveIn_Or_GiveOut_Trade    STRING,
```

```
Give_Up_Firm        STRING,
Cabinet_Trade_Type      STRING,
CTI_Code           STRING,
.................................
Back_Office_Charge_Currency    STRING,
Floor_Charges_Currency    STRING,
Other_Allocation_Charges_Currency     STRING,
Other_Desk_Charges_Currency  STRING,
Wire_Charges_Currency      STRING)
ROW FORMAT DELIMITED FIELDS TERMINATED BY ','
LOCATION '<default_directory>/trade_db/archive/derivative_trade_
all';
```

 并不是所有的 88 列均包含在我们创建的 Hive 表的脚本中。

数据分析

一旦你在 Hadoop 的 HDFS 中有数据，则可以运用 Shell 命令、Hive、Pig 通过各种方式获取，我将在以下内容中进行简要说明。

HDFS Shell 命令

你可以使用下面的命令，通过从 Hadoop 下载文件到你的登录服务器来将 Hadoop 文件导出到本地登录服务器或本地桌面：

```
hdfs dfs -get <default_directory>/trade_db/archive/
derivative_trade_all/ derivative_trade_all_<YYYMMDD>.txt
<landing_server_directory>/
```

你也可以使用这样的命令：

```
hdfs dfs -copyToLocal <default_directory>/trade_db/archive/
derivative_trade_all/derivative_file_all_<YYYMMDD>.txt
<landing_server_directory>/derivative_file_all_<YYYMMDD>.txt
```

Hive 查询

如果你熟悉 SQL，则可以在关系型数据仓库中使用大多数标准的 SQL 命令。例如：

- 使用以下命令，从 Hive 外部表（映射到 HDFS 文件）选择所有的记录：

```
Select* from derivative_trade_all;
```

- 该表有 88 列，可以使用下面的命令选择你需要的列：

```
Select Premium, Excution_Type, Open_Close_Flag from
derivative_trade_all;
```

- 使用下面的命令筛选记录：

```
Select Premium,Excution_Type, Open_Close_Flag from
derivative_trade_all where Premium > 10;
```

- 运行下面的命令进行分组：

```
Select Excution_Type,sum(Premium)from derivative_trade_all
where Premium > 10 group by Excution_Type;
```

Pig

由于环境不同，你可以在本地或 MapReduce 模式下运行 Pig。在本地安装的开发上，可以使用本地模式，或者使用 MapReduce 模式。

1. 在本地或 MapReduce 模式下运行下面的 Pig 命令：

```
/* local mode */
pig -x local ...
/* mapreduce mode */
pig ...
or
pig -x mapreduce ...
```

2. 使用交互模式来开发自己的脚本或即席查询或数据操作。只需用下面的 Pig 命令调用 Grunt Shell 命令：

```
$ pig
... - Connecting to ...
grunt>
```

Pig 语句通常有三种类型，分别是：

- LOAD 语句从 HDFS 上读取数据。

- 一系列的变换语句用来处理数据。

- DUMP 语句查看交互的结果或 STORE 语句将结果保存在一个文件中。

在我们的例子中，该命令模板如下所示：

```
A = LOAD '<default_directory>/trade_db/archive/
derivative_trade_all/derivative_file_all_<YYYMMDD>.txt' USING
PigStorage(',') AS
(Premium:float,
Execution_Type:chararray,
Open_Close_Flag:chararray,
LME_Trade_Type:chararray,
GiveIn_Or_GiveOut_Trade:chararray,
Give_Up_Firm:chararray,
Cabinet_Trade_Type:chararray,
CTI_Code:chararray,
............................ .
-----------
Back_Office_Charge_Currency:chararray,
Floor_Charges_Currency:chararray,
Other_Allocation_Charges_Currency:chararray,
Other_Desk_Charges_Currency:chararray,
Wire_Charges_Currency:chararray);
B = FOREACH A GENERATE Premium;
DUMP B;
```

 并不是所有的 88 列数据都保存到 Pig 脚本中。

项目第二阶段——完成数据从关系型数据仓库到 Hadoop 的迁移

关系表 derivative_trade 中每天都有数以百万计的交易数据。表中有 5 年的数据，并且需要最多 60TB 的存储（不包括由于索引而添加的进一步存储）。大多数报告和分析仅要求最近一年的数据。由于数据库的存储成本是 Hadoop 存储的近 10 倍，因而他们会降低存储成本和所有权的总成本（TCO），只需将超过一年的数据从关系型数据仓库迁移到 Hadoop 中即可。

该项目的这一阶段将超过一年的所有交易数据迁移到 Hadoop 上，同时将定期的月度数据移动到 Hadoop 上。

现实世界

每晚从文件登录服务器收到的衍生品交易数据是一个非常大的文件，随后被装载到临时表，随之进入 derivative_trade 表中。主要的衍生品交易表是一张包含 14 项关键业务列和 5 年交易数据的表。

第二阶段实施之前的当前数据流如下图所示。

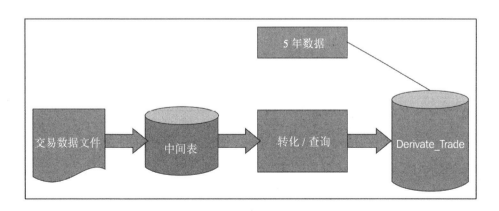

目标世界

他们将从数据仓库系统的文件登录服务器上获得每晚衍生品交易的一个非常大的文件。该文件仍将以和之前完全相同的形式被加载到临时表和 derivative_trade 表中，但现在有额外的任务，也就是将 derivative_trade 表中的旧数据迁移到 Hadoop 上。

在迁移结束后，derivative_trade 表中将只有一年的交易数据，所有超过一年的交易数据将被迁移到 Hadoop 中。

第二阶段实施后的数据流如下图所示。

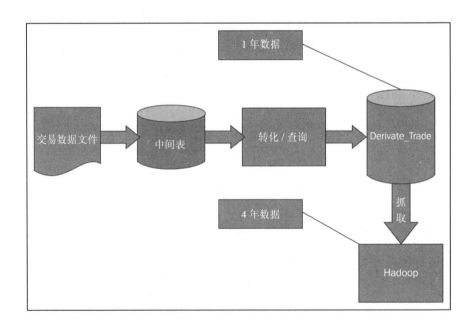

数据收集

该数据是从现有的关系型数据仓库（DW）中收集的。你可能已经猜到了将数据迁移到 Hadoop 中的工具是 Sqoop。

对于这个阶段，我们会做出一些假设，例如：

- Sqoop 已经安装并在 Hadoop 集群上进行了配置。

- 该数据库是一个微软数据库服务器（MS SQL Server）、服务器主机名是 trade_db。已经安装了 JDBC 驱动程序，可以随时被 Hadoop 使用。

- 主交易表名是 derivative_trade，它只有 14 列关键业务，如下所示：

Trade_number	Transaction_type
Trade_date	Value_date
Account_number	Buy_sell_flag
Party_id	Quantity
Counterparty_id	Price
Business_date	Total_commission_and_fee
Market	Trade_currency

Sqoop 是一个小工具，只需少数命令，因此很容易学习。

输入下面的命令可获得所有可用命令的列表：

```
sqoop help
```

检查是否连接到关系数据库

使用以下命令检查连接，同时将列出可用的数据库：

```
sqoop list-databases --connect jdbc:sqlserver://<DW IP Address>:Port \ --username <username> --password <password>
```

我建议使用具有受限接入的一个独立的密码文件。

```
$ sqoop list-databases --connect jdbc:sqlserver://<DW IP Address>:Port \ --username <username> --password-file ${user.home}/.password
```

如果你能从所有可用的数据库列表中看到 `trade_db` 数据库，则进入下一步。

导入数据到 Hadoop 中

现在就来探讨将数据导入 Hadoop 的命令。

如果你需要了解更多关于语法及其所有参数的信息，则只需输入以下命令：

```
sqoop help import
```

对于我们的工作，下面列出了一些常用的参数和它们的值。

- --connect<jdbc-uri>：JDBC 连接 `trade_db` 数据库配置的字符串。
- --password-file：文件的路径包含有访问限制的权限验证密码。
- -P：这一参数将让你从控制台读取密码，并且仅在初始配置和测试过程中使用。
- --password <password>：这是认证密码，并且仅在初始配置或测试中使用。
- --username <username>：这是认证用户名，并且仅在初始配置或测试中使用。
- --verbose：这一参数将让你在工作时输出更多的信息，并且仅在初始配置或测试中使用。
- --append：使用该参数可将数据追加到 HDFS 现有的数据集中。
- --columns <col,col,col...>：使用此参数可以选择从 `derivative_trade` 表中导入的列。在默认情况下，所有的列都将被导入。
- --delete-target-dir：该参数用于删除重要的目标目录（如果存在），仅仅在初始数据导入时进行配置，而不是在周期性地增量导入时进行配置。
- --fetch-size <n>：这是从数据库一次读取的条目数量，应该在数据库管理员（DBA）的帮助下配置该参数。

- `--table <table-name>`：这是我们将要迁移数据到 Hadoop 上的数据库表。在我们的例子中是 `derivative_trade` 表。
- `--target-dir <dir>`：这是 HDFS 的目标目录，也就是 `<default directory>/trade_db/archive/derivative_trade`。
- `--where <where clause>`：这个参数可用来在从数据库表中导入数据时过滤记录。

初始的数据迁移

当你首次将超过一年的交易数据迁移到 Hadoop 上时，可以使用添加诸如 `WHERE TRADE_DATE < CURRENT_DATE - 1 YEAR` 条件的 where 从句（`--where` 参数）。在微软的数据库系统服务器中，也可以写为如下形式：

```
WHERE TRADE_DATE < DateAdd(yy, -1, GetDate())
```

一旦初始数据加载到 HDFS 上，使用 Hive 或 Pig 查询完成数据的验证之后，数据仓库中 `derivative_trade` 表中的数据可以使用下面的命令删除：

```
Delete from derivative_trade WHERE TRADE_DATE < DateAdd(yy, -1, GetDate())
```

这和将数据表按天或按月划分类似。如果这样划分，那么一旦数据接入 Hadoop 中，只需简单地查询那些特定的分区并抛弃无用的分区即可。

周期性的增量数据迁移

你需要创建并调度一个脚本，该脚本将从 `derivative_trade` 表中加载增量数据到 Hadoop。

Sqoop 的增量导入命令有一些额外的参数，如下。

- `--check-column(col)`：通过指定列来确定要导入的行。它不能是文本或字符串。在这种情况下，这将是 `trade_date` 表。

- --incremental(mode)：指定 Sqoop 如何确定哪些行是新的、有效值的追加和最后修改时间。当导入的表中新的行随着不断增加的 ID 值持续增加时，你需要指定追加的模式。当源表中的行可以与当前时间戳更新一致时，指定上次修改的模式。

- --last-value(value)：从先前的导入中指定检查表的最大值。

一旦增量数据成功导入 Hadoop，删除已经从 derivative_trade 表中迁移的数据。这些数据很有可能是按天或按月划分的。为了保持更好的性能，我建议周期性的增量迁移频度与数据的划分同步。

导入 Hive

除了仅仅将数据导入 HDFS，Sqoop 可以直接将数据从关系数据库导入 Hive 的内部表。

在这个练习中，相关的命令仍然是 import，但相比导入 HDFS，参数略有不同。

- --hive-import：使用这个参数将数据导入 Hive（如果没有指定，则将使用 Hive 的默认分隔符）。

- --hive-overwrite：这个参数将覆盖在 Hive 表中现有的数据，并且应该被小心使用。

- --hive-table<table-name>：这个参数将设定在 Hive 中的表名，并且我建议如果想重新使用你之前的 SQL 查询语句，则使用关系数据库中相同的表名。

如果你正在使用 Sqoop 导入数据，并且你的数据库的行包含 Hive 的默认行分隔符（\n 和 \r 字符）或列分隔符（\01 字符)，那么 Hive 会出现问题。你需要使用 --hive-drop-import-delims 选项停止使用那些在 Hive 兼容文本数据时所带来的字符。

另外，你还可以使用 --hive-delims-replacement 选项来用你选择的字符串代替那些在 Hive 兼容文本数据时所带来的字符。这些选项仅当使用 Hive 的默认分隔符时被使用，并且如果指定了其他分隔符，则不应使用这些选项。

Sqoop 还提供了将关系交易数据加载到 HBase 中的实时查询的选项。在这种迁移情况下，没有特定的需要将其加载到 HBase 中。但是如果有遮掩的需要，则可以去探索一下。

数据分析

因为已经将所有的数据放到 Hadoop 的 HDFS 或 Hive 中，所以可以使用第一阶段介绍的 Shell 命令、Hive 或 Pig 通过各种方式访问。

总结

在本章中，我们学习了无论是对于收集数据还是分析数据来说非常流行的 Hadoop 数据迁移项目。

我解释了 Shell 命令的使用、利用 Sqoop 将数据迁移到 HDFS 和 Hive，并使用 Hive 与 Pig 脚本查询了同样的事物。

我鼓励读者利用 Hadoop 手册提供的更多实例进一步探索它。

在下一章中，我们将讨论一个基于 Hadoop 的大的监管和风险数据平台的实施，也涉及以 Java 为基础的 MapReduce、ETL 和 BI 工具。

第 5 章

5

入门

传统的数据平台遵循一定的标准范式——它可以从多个源头获取数据，并加载数据送入临时区域，转换数据，最后将结果加载到商业智能工具的数据仓库中。

在这一章中，我们将解释如何通过一个类似的模式使用 Hadoop 的大数据平台进行开发。

在风险和监管的大数据平台上，我们将介绍一个项目的全部数据生命周期：

- 数据收集——使用 Oozie 或 Informatica 从预定的多个来源获取数据。
- 数据转换——使用 Hive、Pig 和 Java MapReduce 转换数据。
- 数据分析——使用带有 Hadoop 的 BI 工具整合数据。

本章将在架构、数据流图及一些示例代码模板方面讲述得更为技术一些。

在本章中，如果你熟悉 Hadoop 生态系统的核心，则将会非常有益。如果你想了解更多，那么我建议你参考 Apache 网站上关于 Hadoop、Oozie、Pig 和 Hive 的详细内容。

项目详细信息——风险和监管报告

继雷曼兄弟破产以及 2007 年的金融危机之后，很多其他金融机构由于缺乏良好的风险管理也已经破产。由于经济不景气和监管压力，利润率下降。

多数大型银行没有能够在企业级水平上用于风险数据聚合的单个跨资产风险的数据存储器。他们还没有一个单一的行业和位置数据存储来得到一致的监管报告。

因为每个资产交易部门都有自己的数据存储系统，因此数据会从一个系统复制到另一个系统。结果导致重复和不一致的数据定义，并且加重了运营和监管方面的挑战。现在他们面临的主要挑战是：

- 从同一源数据系统到不同的风险和监管的数据存储点对点供给，导致了重复的数据、更多的测试周期和低效的工作流。
- 数据可扩展性问题——需要每天交易结束时的所有历史风险而不只是最新的风险，这使得传统数据库处理和存储变得更加昂贵。
- 基于历史数据的风险模型的开发和测试是计算密集型的，并且在传统平台上难以扩展。
- 监管报告，带有重载数据过程的如沃尔克公制（Volcker Metric）和其他压力测试情景，很难在传统平台上进行扩展。

大多数风险和监管要求将需要至少 7 年的数据。大型银行针对大宗商品、信贷、股票、固定收益、期权和结构性交易、利率和其他交易产品每天有上百万条交易和位置数据。因此，我们可以获取数十亿条记录进行处理，并且风险和监管度量上的密集型计算使问题更加恶化。

解决方案

给出需求后，这些银行将不得不使用 Hadoop 平台建立一个共享的企业级跨资产数据存储器，并使其具有高度可扩展性。如果银行已经将他们的风险、交易和位置数据归档到 HDFS 上，则这些数据可以很容易被利用。

Hadoop 的企业数据平台可以存储估值 / 风险 / 解释、交易 / 位置、工具、市场、交易对手和销售数据，这将有助于他们：

- 消除许多点对点的供给。
- 减少数据冗余。
- 在银行实现公共数据的定义。
- 以更低的成本保留历史数据。
- 在海量数据集上执行先进的数据挖掘和统计分析。
- 实现一致的监管报告。

现实世界

如下图所示，数据存储器接收来自不同源系统的风险、交易、位置及参考数据，并且每个系统可以覆盖多个资产类别（股票、固定收益或者货币市场）。每个资产类别或资产类别的组合都有自己的数据存储器，通过使用其自定义转换来计算风险和监管指标，从而实现数据收集和转换。这些指标被数据使用者——管理部门、风险管理者和监管机构所使用。

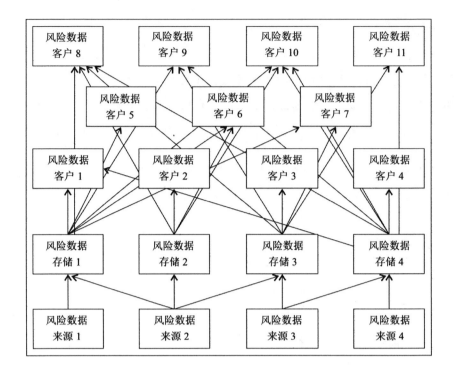

数据会被分发到许多下游数据消费者手中，但需要很长的时间才能将数据提供给所有的消费者。一旦在某个数据移动阶段发生错误，情况会变得很糟糕。此外，他们需要大量的业务人员在每次重新运行提取或失败的时候加载任务。

目标世界

如下图所示，他们将实施基于 Hadoop 的单个跨资产的企业数据平台。该设计要点是：

- 涵盖所有资产类别的从所有数据源系统得到的单个跨资产数据存储器接收的风险、交易、位置及参考数据。

- 在 Hadoop 平台上的数据将被转换和分析。

- 管理部门、风险管理者和监管机构——所有的数据消费者可以在一个共享的数据平台上直接访问一致的数据指标。

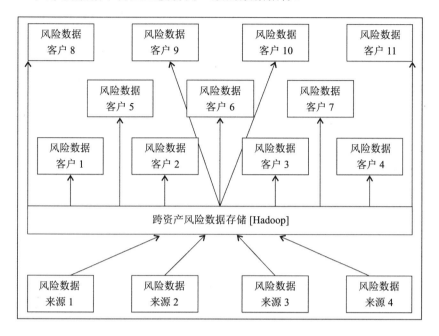

数据收集

对于这个项目，我们将简要介绍某些配置和假设。

- 确认在企业级 HDFS 上的输入数据的位置，这是我们从数据源系统中得到的位置。它需要有一个标准的命名约定，如 <default_hdfs_directory>/data/input/<system_name>/<subject area>/<business_date>/<file_name>。<system_name> 是数据源系统，<subject area> 可以是资产类或者部门，如外汇（FX）、股票（Equities）、风险（Risk）、监管（Regulatory）、沃尔克（Volcker）等。如果文件名中明确指出目标区域，则可以忽略 <subject area>，如 FX_Trade.txt。

- 确认在企业级 HDFS 上的目标数据的位置，在这里我们将存储计算的指标或其他下游系统或商业智能工具的汇总结果。它也需要有一个标准的命名约定，如 `<default_hdfs_directory>/data/output/<system name>/<subject area>/<business date>/<file_name>`。`<system name>` 完全是一种可选字段，只应用在指标是一个系统的情况下。`<subject area>` 可以是资产类别或部门，如外汇（FX）、股票（Equities）、风险（Risk）、监管（Regulatory）、沃尔克（Volcker）等。你可以选择忽略。如果文件名中明确指出目标区域，则可以忽略 `<subject area>`，如 `Volcker_Inventory_Turnover.txt`。`<business date>` 也是可选的，可以是日期的一个分组，如一个月、Q1、Q2、H1 甚至每年，这取决于不同的度量标准。

- 确认在企业级 HDFS 上配置临时数据的位置，在这里我们将存储转换的中间结果和计算的数据。它也需要有一个标准的命名约定，如 `<default_hdfs_directory>/data/temp/<system_name>/<subject area>/<business date>/<file_name>`。

- 确认在企业级 HDFS 上脚本的位置，在这里我们将存储所有的 Pig、Hive 和 Java 代码。它也需要有一个标准的命名约定，如 `<default_application_directory>/<application_name>/<script>`。`<application_name>` 可以是项目或应用的名字。我推荐将重复使用的代码放在一个公共目录下。每个脚本都有对应的扩展名，如 Pig 脚本的扩展名为 .pig、Hive 脚本的扩展名为 .hql 等。

- 你需要使用 PuTTY 或其他的 SSH 客户端在本地路径下或 HDFS 的转换数据上连接数据源和应用代码。

我们将从各种源系统中收集数据并直接使用两个选项将其存储到 HDFS 上——一个是带有 Apache Oozie 工作流的核心 Hadoop 开发者；另一个是与工业工具相结合。

选项 1——Apache Oozie

假设你知道如何编写导入数据文件到 HDFS 上的 Shell 命令和直接从关系数据源导入数据的 Sqoop 命令。一旦你写好从数据源拖到企业 HDFS 平台上的 Shell 或 Sqoop 任务，就可以使用 Oozie 调度任务。不只是 Shell 或 Sqoop，你还可以在 Oozie 上调度 MapReduce、Java、Pig 和 Hive 脚本。

Oozie 可运行与工作流程相关的工作，有两个主要组件：

- 工作流引擎，其存储和运行操作的工作流。
- 协调引擎，其基于周期性的时间和数据准备调度工作流任务。

随着未来将从多个源系统接收交易、位置和风险数据，我们不能将希望寄托在数据提供者身上，并且让他们去了解数据。因此，提取数据的责任肯定会落在接收企业 HDFS 系统的范围之内。

下面提供了执行 Oozie 配置工作的基本步骤，一旦你已经写完 Shell 和 Sqoop 脚本并将数据导入 HDFS，那么你需要：

1. 配置 Oozie 让它运行在核心的 Hadoop 集群上。

2. 使用下面的命令启动 Oozie：

```
oozie-start.sh
```

3. 使用下面的命令检验状态：

```
oozie admin-status
```

4. 配置工作流，其被定义为 XML。其中的逻辑很简单：操作的最小单位（如一个 Shell 脚本，一个 Sqoop 命令，一个 Pig、Hive 或 MapReduce 任务）是一个操作，每个操作（点）始于 START，到 END 点表示成功，到 KILL 点表示失败。

5. 下面是一个用 Shell 脚本定义工作流的例子，从源目录复制数据到

HDFS 上。复制 Shell 脚本来计算节点的当前工作目录。

```
<workflow-app xmlns='uri:oozie:workflow:0.3' name=
"[WF-DEF-NAME]">
<start to="[NODE-NAME]"/>
<action name="[NODE-NAME]">
<shell xmlns="uri:oozie:shell-action:0.1">
<job-tracker>${jobTracker}</job-tracker>
<name-node>${nameNode}</name-node>
<configuration>
<property><name>mapred.job.queue.name</name>
<value>${queueName}</value>
</property>
</configuration>
<exec>${EXEC}</exec>
<argument>A</argument>
<argument>B</argument><file>${EXEC}#${EXEC}</file>
</shell>
<ok to="end" />
<error to="fail" />
</action>
<kill name="fail">
<message>Script failed, error
message[${wf:errorMessage(wf:lastErrorNode())}]
</message>
</kill>
<end name='end' />
</workflow-app>
```

使用下面的命令配置 WF-DEF-NAME 和 NODE-NAME。对每个数据源都使用 Shell 脚本重复一次 Shell 操作和 NODE-NAME 配置。

```
[WF-DEF-NAME] = Risk Data Import Shell1
[NODE-NAME] = RiskDataImport-source1-shell
```

6. 使用在我们之前看到的工作流中用到的参数配置属性文件。

```
oozie.wf.application.path=hdfs://localhost:8020/user/
<usernme>/workflows/script
```

```
EXEC=ImportRiskDataSource1script.sh
jobTracker=localhost:8021
nameNode=hdfs:/localhost:8020
queueName=default
```

7. 下面是一个使用 Sqoop 脚本直接从源数据库导入当前参考数据到 HDFS 中的工作流的例子。

```
<workflow-app xmlns="uri:oozie:workflow:0.1" name"[WF-DEF-NAME]">
...
<action name"[NODE-NAME]">
<sqoop xmlns="uri:oozie:sqoop-action:0.2">
<job-tracker>${jobTracker}</job-tracker>
<name-node>${nameNode}</name-node>
<prepare>
<delete path="${jobOutput}"/>
</prepare>
<configuration>
<property><name>mapred.compress.map.output</name>
<value>${queueName}</value>
</property>
</configuration>
<command>import --connect jdbc:StaticDBsqlserver --table
Currency --target-dir
hdfs:/localhost:8020/<default_hdfs_directory>/data/input/
Reference/20150206/currency.txt</command>
</sqoop>
<ok to="myotherjob"/>
<error to="errorcleanup"/>
</action>
...
</workflow-app>
```

使用下面的命令配置 WF-DEF-NAME 和 NODE-NAME。对每个数据源都使用 Shell 脚本重复一次 Shell 操作和 NODE-NAME 配置。

```
[WF-DEF-NAME] = RiskDBImport-wf
[NODE-NAME] = SqoopReferenceDBSource1
```

8. 使用我们前面提到的工作流中名为 `job.properties` 的文件用到的参数配置属性文件。

```
oozie.wf.application.path= hdfs://localhost:8020/user/<usernme>/
workflows/script
jobTracker=localhost:8021
nameNode=hdfs:/localhost:8020
queueName=default
```

9. 使用下面的命令将工作流提交给 Oozie，然后验证执行。

```
Oozie job -config job.properties -run
```

10. 配置 Oozie 的协作引擎的配置文件 `coordinator.xml`，并安排任一时间进度（定期的）或数据的可用性（在预期目录中接收到的数据）。在下面的例子中每天都调入风险数据。在 Apache Oozie 网站上有关于两种配置的详细资料。

```
<coordinator-app name="RiskDataImport-scheduler"
xmlns="uri:oozie:coordinator:0.2"
frequency="${coord:days(1)}" start="${startDay}" end=
"${endDay}" timezone="America/New_York">
<controls>
<timeout>5</timeout>
</controls>
<action>
<workflow>
<app-path>${appPath}</app-path>
</workflow>
</action>
</coordinator-app>
```

11. 使用 `coordinator.properties` 和下面的参数配置 Oozie 的协作属性。

```
properties with these parameters:
nameNode=hdfs:/localhost.localdomain:8020
jobTracker=localhost.localdomain:8021
queueName=default
```

```
oozie.libpath=${nameNode}/user/oozie/share/lib
oozie.use.system.libpath=true
oozie.wf.rerun.failnodes=true
startDay=2014-07-30T16:05Z
endDay=2015-07-30T16:05Z
appPath=${nameNode}/user/${user.name}/RiskWorkflow
oozie.coord.application.path=${appPath}
optionFile=sqoop_param.txt
DataPath=${nameNode}/user/${user.name}/RawData
```

12. 使用下面的命令将工作流提交给 Oozie，这样就可以调度日常的调入。

```
Oozie job -config coordinator.properties -run
```

13. 直接使用在 Web 控制台上的 Web 用户界面（http:/<server name>: 11000/oozie/）监视正在运行的工作流。

选项 2——ETL 工具摄入

ETL 是用于提取、转换和加载数据的一个非常通用的术语。执行 ETL 工具是非常易于维护的数据图形的形式——没有手工编码，可以连接到几乎任何数据源，转换使用拖放和调度任务。

对于已在这些 ETL 工具上进行了大量投入的大型银行，只要它能提供价值，他们就会坚持使用 ETL。在过去的几年中，大多数领先的 ETL 工具已经开发出相应的 Hadoop 版本，这使得它更容易将数据移入或移出 Hadoop。

其中的大多数工具允许现有开发商继续利用他们现有的 ETL 技术开发新的 Hadoop 解决方案。关于它的最好的事情是在 Java、Python 甚至 Pig 或 Hive 中没有复杂的代码或脚本。

在带有 Hadoop 集成的 ETL 工具市场上有新的进入者——每个都有基于拖拽和工作流程的丰富的用户界面。他们有时声称自己比 MapReduce 的代码有更好的表现。

领先的 ETL 产品有（排名不分先后，并且是不全的）：

- Informatica（V9.1 版本以上）。

- IBM Data Stage（V9 版本以上）。

- SQL Server Integration Services 2012。

- Pentaho。

- Talend（V5.3 版本以上）。

- Oracle Data Integrator（12c 版本以上）。

- Syncsort DMX-h。

- Datameer。

根据 2014 年 Gartner 关于数据集成工具的报告，可知 Informatica 是 ETL 工具市场领域的领导者。它在金融部门被广泛使用，我将举一个基于这个工具在 HDFS 风险平台上导入 / 导出数据的例子。

可以访问 http://www.informatica.com 了解更多详情。

假设其他的 ETL 工具也具有相似的功能，我将以 Informatica PowerCenter （PC）9.5.1 版本和 Hadoop 的 Power Exchange 为基础来解释 ETL 工具是如何被用来自动获取数据的。

原始交易、位置和风险数据文件经过基本的清理和转换（除去多余的空格，字母、数字和日期格式一致），并且使用 Informatica 可以在 Risk HDFS 平台上被加载。

可以访问 http://www.informatica.com 了解更多细节。

关键步骤如下：

1. 使用给定的主机名和端口配置 Informatica PowerCenter Designer 来连接到开发软件库。

2. 你将会看到一个带有整个 ETL 映射到加载 Risk HDFS 的预填充文

件夹。请确保具有该文件夹的读 / 写或开发权限。

3．配置源定义文件、数据库或任何其他支持的格式。

4．根据说明书配置 HDFS 目标表。

5．连接到 Informatica 的工作流管理器，并使用一个带有新的源定义的现有模板创建工作流。重新使用现有的预配置目标连接 HDFS。

6．现在 Informatica 的工作流可以从源系统中提取数据，并将其加载到 Risk HDFS 中。该工作流可以直接使用 Informatica 的调度程序或任何其他调度程序进行调度。

7．另外，编写一个 Shell 脚本来调用 Informatica 的工作流并使用 Oozie 来调度它。

对于这个项目，我将使用 ETL 工具将数据移入或移出 Hadoop。与现有的 ETL 合作，能使企业使用 Hadoop 变得更容易一些，因为现有的 IT 数据提供者可能不愿意学习 Hadoop 或者写 Sqoop 或 Shell 脚本。

但是，如果你的部分数据转换涉及较少的数据处理，那么混合使用 ETL 工具和 Hadoop 工具（Hive、Pig 和 MapReduce）也是一个不错的主意。

数据转换

最流行的高级 Hadoop 语言是 Hive 和 Pig，并且二者与 Java MapReduce 程序相比，都显著地减少了编码。而且二者都可以解决一个 Java MapReduce 程序就可以解决的几乎任何数据问题。如果它们不能解决，那么你可以在 Java 中创建用户定义函数（UDF），并且与 Hadoop 的会话结合起来或永久包含在 Hive/Pig 库中。

现在的问题是，如果你不得不选择 Pig 或 Hive 来满足你所有的转换需求，那么你会选择哪一个呢？一般来说，如果你技术过硬并且能够跨数据库和编程语言，那么你可以简单地抛一枚硬币来决定使用 Hive 或 Pig。

Hive 或 Pig？

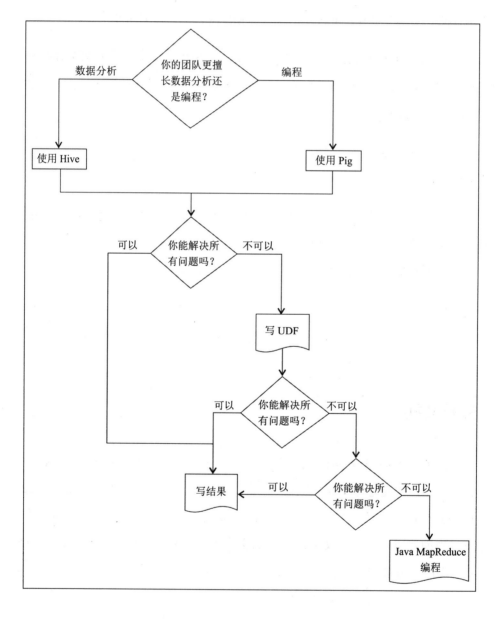

最新的基准测试证明，对于非常大的数据集，Hive 的执行效率略高于 Pig，而对于较小的数据集则是不确定的。但相比 Hive，Pig 比较流行并且应用广泛，因为它是一个程序语言，在动态使用变量时相对来说更加灵活。

我将讨论使用 Hive、Pig 或 Java MapReduce 将输入数据转换为更多有用数据的不同设置。给出详细的解决方案不是本书的目的——它更多地提供给读者足够的细节以便选择正确的方向。所以，我将用简短的技术细节和代码模板将所有的选项联系起来。

Hive

我们将用 Hive 进行变换并存储中间和最终结果，这将在以后由下游风险和监管管理者使用。

我们仍然会遵循一个标准的数据仓库类型模式——临时资料数据库、中间数据库和结果数据库。我们可以创建三个或仅创建一个 Hive 数据库。然而，表名称总是需要有一个良好的命名约定，例如附加前缀 `stg_` 为阶段、`int_` 为中间，并且 `<business purpose>_` 为最终输出的表。

如果一个 Hive 安装程序由多个团队共享，那么我建议限制数据库的数量，但它完全取决于团队开发解决方案。在我们的例子中，将使用以下命令仅创建一个 Hive 数据库：

```
CREATE DATABASE riskandregulatorywh COMMENT 'Risk and regulatory
enterprise warehouse'
```

第 1 步——临时数据

我们将收到数百个交易、位置和风险数据文件——以天为单位的从小型到超大型的数据。关键的要求仍然是在 HDFS 上将它们至少保存 7 年。

所有的文件除非另有说明，都是被分隔的文件，并且 <Business date> 被定义为 YYYYMMDD（年月日）格式。

让我们先来为每个源系统定义输入目录。

- <default_hdfs_directory>/data/input/<Trading_system1>/ TRADE/20150702/Trade_details.txt
- <default_hdfs_directory>/data/input/<Trading_system1>/ TRADE/20150702/Position_details.txt
- <default_hdfs_directory>/data/input/<Reference_system1>/ REF/20150702/Business_Hierarchy.txt
- <default_hdfs_directory>/data/input/<Trading_system1>/ TRADE/20150702/Trade_details.txt
- <default_hdfs_directory>/data/input/<Risk_FO_system1>/ RISK/20150702/Risk_Sensistivity_details.txt

对于每个文件的定义，我们必须有在 Hive 数据仓库中定义的对应表。

通过使用下面的代码模板（不是所有的列都包括在内）创建 Hive 的外部表。

```
USE riskandregulatorywh;
CREATE EXTERNAL TABLE STG_SYSTEM1_TRADE_DETAILS (
BUSINESSAREA STRING COMMENT 'optional comments',
TRADEID STRING,
BOOKNAME STRING,
TRADEPRODUCTTYPE STRING,
TRADEPRODSUBTYPE STRING,
BOOKINGCOUNTERPARTYID STRING,
LEGALENTITYID STRING,
MATURITYDATE STRING,
TRADEDATE STRING,
................
................
TRADELEVELSTRESSEDRWA_USD FLOAT,
TRADELEVELCVSUNHEDGEDRWA_USD FLOAT,
TRADELEVELCVSHEDGEDRWA_USD FLOAT,
```

```
TOTALRWA_USD FLOAT,
NETIR01_USD FLOAT,
PV_USD FLOAT
)
PARTITIONED BY (VALUATIONDATE INT)
ROW FORMAT DELIMITED FIELDS TERMINATED BY '|';
```

只要在 HDFS 中收到交易、位置或风险文件，这些文件就会通过使用如下的 HiveQL 脚本命令被映射到相应的分区。

```
ALTER TABLE STG_SYSTEM1_TRADE_DETAILS ADD PARTITION
(VALUATIONDATE=<configured_business_date> LOCATION =
'<default_hdfs_directory>/data/input/<Trading_system1>/
TRADE/20150702/Trade_details.txt'
```

较小的参考表不能存储在 HDFS 上且不能通过 Hive 访问是没有理由的。如今，我们可以在业务层面创建一张小的参考表，稍后用于连接交易和风险数据。由于参考表相对来说是静态的，并且截至目前 Hive 不允许更新（也可能在将来的版本中变化），我们将映射表定义到新的数据位置。

使用下面的代码模板（不是所有的列都包括在内）创建 Hive 的外部表。

```
DROP TABLE IF EXISTS BUSINESS_HIERARCHY;
CREATE EXTERNAL TABLE BUSINESS_HIERARCHY
(
BUSINESSAREA STRING,
SUBPRODUCTNAME STRING,
.............
LEVEL6NAME STRING,
LEVEL7NAME STRING,
BOOKNAME STRING
)
ROW FORMA DELIMITED FIELDS TERMINATED BY ',' LOCATION =
'<default_hdfs_directory>/data/input/<Reference_system1>/
REF/<configured_business_date>/Business_Hierarchy.txt'
```

如果需要在数据处理过程中链接交易、位置和事件，那么我建议你创建通用的、工具型的静态 Hive 表。

第 2 步——输出结果

Hive 允许在传统的关系数据库中完成大多数 SQL 操作。

例如，我们需要交易信息，但需要带有更多的业务层面的信息。我们可以简单地创建一个在 BUSINESS_AREA 列中的 STG_SYSTEM1_TRADE_DETAILS 和 BUSINESS_HIERARCHY 之间连接的视图。创建视图的代码如下所示。

使用下面的代码模板（不是所有的列都包括在内）创建视图。

```
DROP TABLE IF EXISTS VW_TRADE_DENORMALIZED;
CREATE VIEW VW_TRADE_DENORMALIZED
AS
SELECT
STG_TD.TRADEID ,
STG_TD.BOOKNAME ,
STG_TD.TRADEPRODUCTTYPE ,
STG_TD.TRADEPRODSUBTYPE ,
STG_TD.BOOKINGCOUNTERPARTYID ,
STG_TD.LEGALENTITYID ,
STG_TD.MATURITYDATE ,
STG_TD.TRADEDATE ,
................
................
STG_TD.TRADELEVELSTRESSEDRWA_USD,
STG_TD.TRADELEVELCVSUNHEDGEDRWA_USD,
STG_TD.TRADELEVELCVSHEDGEDRWA_USD,
STG_TD.TOTALRWA_USD,
STG_TD.NETIR01_USD,
STG_TD.PV_USD,
BH.BUSINESSAREA,
```

```
BH.SUBPRODUCTNAME,
BH.LEVEL6NAME,
BH.LEVEL7NAME
FROM STG_SYSTEM1_TRADE_DETAILS STG_TD
LEFT OUTER JOIN BUSINESS_HIERARCHY BH
ON STG_TD.BUSINESSAREA = BH.BUSINESSAREA;
```

截至目前，该视图不能像关系数据库如 Oracle 和 MS SQL Server 一样被实体化。由于实体化视图只不过是一张表，如果需要实体化视图，那么我们可以在 Hive 中创建一张表。

我们能保存在一张数据库表中看到的查询结果。使用下面的脚本模板可以创建一个非规范化的数据库表并直接从 SQL 查询中加载数据。

```
CREATE TABLE TRADE_DFNORMALIZED .....; --We will leave this
to readersimagination, as the structure will be same as above view
    INSERT OVEWRITE TABLE TRADE_DFNORMALIZED
    SELECT
    STG_TD.TRADEID ,
    STG_TD.BOOKNAME ,
    STG_TD.TRADEPRODUCTTYPE ,
    STG_TD.TRADEPRODSUBTYPE ,
    STG_TD.BOOKINGCOUNTERPARTYID ,
    STG_TD.LEGALENTITYID ,
    STG_TD.MATURITYDATE ,
    STG_TD.TRADEDATE ,
    ...............
    ...............
    STG_TD.TRADELEVELSTRESSEDRWA_USD,
    STG_TD.TRADELEVELCVSUNHEDGEDRWA_USD,
    STG_TD.TRADELEVELCVSHEDGEDRWA_USD,
    STG_TD.TOTALRWA_USD,
    STG_TD.NETIR01_USD,
    STG_TD.PV_USD,
    BH.BUSINESSAREA,
    BH.SUBPRODUCTNAME,
```

```
BH.LEVEL6NAME,
BH.LEVEL7NAME
FROM STG_SYSTEM1_TRADE_DETAILS STG_TD
LEFT OUTER JOIN BUSINESS_HIERARCHY BH
ON STG_TD.BUSINESSAREA = BH.BUSINESSAREA;
```

同样，我们可以使用从简单到复杂的连接、筛选、组、排序和大多数 ANSI SQL 命令创建一张全新的半成品和成品表。

写入最终的 Hive 表的结果可通过下游数据流用于进一步分析。

Pig

我们将用 Pig 进行变换并存储中间和最终结果，这将在以后由下游风险和监督管理者使用。

我们将再次遵循标准的数据仓库型模式——从临时目录中读取数据、转换数据并加载结果到中间和最终的输出结果目录。

如果一个 Pig 安装程序有多个团队共享，那么我建议使用专门的项目目录来存放脚本和中间或最终的转换数据。

Pig 脚 本 可 以 被 存 储 在 `<default_application_directory>`/ `EnterpriseHadoopPlatform/script/<business_transformation>`. `pig` 中，并且中间 / 最终结果可以被存储在 HDFS 的 `<default_hdfs_` `directory>/data/output/<system name>/<subject area>/` `<business date>/<file_name>` 目录中。

第 1 步——临时数据

如你所知，我们将在 HDFS 上收集到很多交易、位置和风险数据集，并且它们将至少保存 7 年。

除非另有说明，我假设所有的文件都是被分隔的，并且 <Business date> 被定义为 YYYYMMDD（年月日）格式并在相同的输入目录中接收。

一旦交易、位置或风险文件在 HDFS 上被接收，我们将会使用下面的代码模板将这些文件加载到临时数据库中进行处理。

```
STG_SYSTEM1_TRADE_DETAILS = LOAD
'<default_hdfs_directory>/data/input/<Trading_system1>/TRADE/
{$BUSINESS_DATE}'
USING PigStorage('|') AS
AS
BUSINESSAREA,
TRADEID ,
BOOKNAME ,
TRADEPRODUCTTYPE ,
TRADEPRODSUBTYPE ,
BOOKINGCOUNTERPARTYID ,
LEGALENTITYID ,
MATURITYDATE ,
TRADEDATE ,
................
................
TRADELEVELSTRESSEDRWA_USD ,
TRADELEVELCVSUNHEDGEDRWA_USD ,
TRADELEVELCVSHEDGEDRWA_USD ,
TOTALRWA_USD ,
NETIR01_USD ,
PV_USD
);
DESCRIBE STG_SYSTEM1_TRADE_DETAILS;
```

我们将使用下面的代码模板通过 Pig 加载业务层面的信息。

```
BUSINESS_HIERARCHY = LOAD '<default_hdfs_directory>/data/
input/<Reference_system1>/REF/{$BUSINESS_DATE}'
USING PigStorage(',') AS
(
```

```
BUSINESSAREA,
SUBPRODUCTNAME,
.............
LEVEL6NAME,
LEVEL7NAME,
BOOKNAME
);
DESCRIBE BUSINESS_HIERARCHY;
```

如果在数据处理过程中需要加入任何交易、位置、事件，那么我建议你直接在 Pig 脚本中使用诸如货币、工具等静态表。

第 2 步——输出结果

如果我们需要带有其他业务等级细节的交易信息，则可以通过下面的语句连接两张表。

```
TRADE_DENORMALIZED = JOIN STG_SYSTEM1_TRADE_DETAILS BY BUSINESSAREA
LEFT OUTER, BUSINESS_HIERARCHY BY BUSINESSAREA;
```

像 Hive 一样，我们使用下面的命令保存以上语句的执行结果。

```
STORE TRADE_DENORMALIZED INTO
<default_hdfs_directory>/data/output/<Trading_system1>/TRADE/
{$BUSINESS_DATE}'
```

Pig 允许大多数数据操作，如过滤、合并、分组、连接和遍历。使用这些数据操作，我们可以执行任何从简单到复杂的操作，并将结果写回输出目录。

其他小实例来计算风险——IR01

IR01 是一个非常重要的利率风险度量，并且可以在利率收益率曲线中捕获灵敏度变化。它被定义为在合约价值中一个基点（0.01%）变化时利率风险的变化。

我们可以很容易地通过简单的 Pig 语句来计算某些列分组衍生品合约总的 IR01。

- 假设交易、事件和风险数据已经被收集并存储在 HDFS 的日常业务目录中。

- 利用 Pig 捕获交易、事件和风险度量数据，可以使用下面的模板（并非所有列都在这里列出）。

```
trades = load '<full input path>/Trade/$date' using PigStorage
('|') as (business_date, trade_id, ....);
riskmeasure = load '<full input path>/Risk/$date' using PigStorage
('|') as (business_date, trade_id, ....);
events = load '<full input path>/Event/$date' using PigStorage
('|') as (business_date, trade_id, ....);
```

- 使用下面的 Pig 命令过滤相关的记录。

```
delta = filter riskmeasure by measure == 'IRDelta';
newevents = filter events by event_type == 'New'
```

- 使用下面的命令将新的事件合并。

```
newtrades = join newevents by trade_id, trades by trade_id;
newdelta = join newtrades by trade_id, delta by trade_id;
```

- 使用下面的命令，按照要求的业务列对 IR01 进行分组。

```
irdeltagroup = group newdelta by (... group columns..);
newaggregatedelta = foreach irdeltagroup generate group,
sum(newdelta.value);
```

- 将结果写回 HDFS。

```
store newaggregatedelta into '<full output path> using
PigStorage('|');
```

- 结果被汇总为风险测量，可以被风险管理者看到。

Java MapReduce

相比于 Java MapReduce 程序，我们使用 Pig 和 Hive 结合很少的代码就可以解决大部分数据转换问题。例如，一个简单的字数统计程序在 Java 中需要 63 行代码，而在 Hive 中仅需 8 行代码。究竟为什么会有人想使用 Java 中的 MapReduce 代码呢？有下面几个原因：

- 如果性能是大忌，那么你将有更灵活的空间调试 Map 和 Reduce 程序。
- 有一个大的数据集，极端的循环水平和棘手的连接是十分复杂的数据操作，使用 Pig 可能会陷入混乱，并且速度可能比 Java MapReduce 慢得多。但同样的，这也和性能有关。
- 非结构化和半结构化数据，如图像、视频、音频、日志数据和自由形式的 XML，使用 Pig 无法处理或处理效果很差。

下面举一个创建 Java MapReduce 任务的例子，涉及我们在下一章中将要建立的一个欺诈预测模型。从始至终解析 Java 代码就超出了本书的范围，但我们将创建一个可以很容易被程序员填补的模板。

信用卡或借记卡交易一般至少有以下属性：

- 交易 ID。
- 客户 ID。
- 交易日期。
- 产品类型及说明。
- 供应商。
- 数量。
- 交易地点。

我们将创建一个马尔科夫链模型来检测异常或可疑交易。

- 每个交易行都有一些状态 - 交易的金额（高 / 中 / 低）、昂贵的奢侈品类别标志（是 / 否）、自上次交易所经过的时间（高 / 中 / 低）的组合。我们可以通过状态的不同变化和实验来找到最佳的组合。对于我们的项目来说，我们将选择上面提到的三种状态的组合，则会产生 3×2×3=18 种类型的交易。

- 我们将分析历史数据并计算从一种交易类型过渡到另一种交易类型的概率矩阵，这将给我们提供一个每个客户都可接受的模型。

- 第一个 MapReduce 程序是 Map 语句——按交易序列（近期顺序）分的有顺序的交易数据（客户 ID、交易 ID 和交易类型），以及 Reduce 语句——按客户分组。代码模板（程序员必须根据数据规格的具体细节进行填写）如下：

```
package org.fraud.mr;
import <java libraries>;
import <hadoop libraries>;
public class TxnSequence {
public static void main(String[] args) throws Exception {
Job job = new Job();
job.setJobName("TxnSequence and grouping MR");
job.setJarByClass(TxnSequence.class);
FileInputFormat.addInputPath(job, new Path(args[0]));
FileOutputFormat.setOutputPath(job, new Path(args[1]));
//group by
job.setMapperClass(TxnSequence.TxnSequenceMapper.class);
job.setReducerClass(TxnSequence.TxnSequenceReducer.class);
job.setOutputKeyClass(Text.class);
job.setOutputValueClass(IntWritable.class);
System.exit(job.waitForCompletion(true) ? 0 : 1);
}
public static class TxnSequenceMapper extends
Mapper<LongWritable, Text, Tuple, Text> {
private Tuple outKey = new Tuple();
private Text outVal = new Text();
<…variables..>
<Methods to set-up and retrieve configuration values>
/* @see org.apache.hadoop.mapreduce.Mapper#map(KEYIN,
VALUEIN, org.apache.hadoop.mapreduce.Mapper.Context)
 */
```

```
@Override
protected void map(LongWritable key, Text value, Context
context)
    throws IOException, InterruptedException {
<Order by transaction sequence - OutKey, OutVal>
context.write(outKey, outVal);
}
}
public static class TxnSequenceReducer extends
Reducer<Tuple, Text, NullWritable, Text> {
private Text outVal = new Text();
<…variables..>
<Methods to set-up and retrieve configuration values>

protected void reduce(Tuple key, Iterable<Text> values,
Context context)
throws IOException, InterruptedException {
<Group by customer id>
context.write(NullWritable.get(), outVal);
}
}
```

- 第二个 MapReduce 程序是计算从一种交易类型到另一种交易类型交易
  的概率矩阵。代码模板（程序员必须根据他们要求的具体细节填写）
  如下：

```
package org.fraud.mr;
import <java libraries>;
import <hadoop libraries>;
import <customized utlities>;
public class StateTransitionModel {

public static void main(String[] args) throws Exception {
Job job = new Job();
job.setJobName("Markov State Transition model");
job.setJarByClass(StateTransitionModel.class);
FileInputFormat.addInputPath(job, new Path(args[0]));
FileOutputFormat.setOutputPath(job, new Path(args[1]));
```

```
//group by
job.setMapperClass(StateTransitionModel.StateTransitionMode
lMapper.class);
job.setReducerClass(StateTransitionModel.StateTransitionMod
elReducer.class);
job.setCombinerClass(StateTransitionModel.StateTransitionMo
delCombiner.class); //readers need to explore what is a
function of combiner
job.setMapOutputKeyClass(Tuple.class);
job.setMapOutputValueClass(IntWritable.class);
job.setOutputKeyClass(NullWritable.class);
job.setOutputValueClass(Text.class);
System.exit(job.waitForCompletion(true) ? 0 : 1);
}
public static class StateTransitionModelMapper extends
Mapper<LongWritable, Text, Tuple, Text> {
private Tuple outKey = new Tuple();
private Text outVal = new Text();
<…variables..>
<Methods to set-up and retrieve configuration values>

@Override
protected void map(LongWritable key, Text value, Context
context)
     throws IOException, InterruptedException {

<Calculate all iterations of state transition - OutKey,
OutVal>
items = value.toString().split(fieldDelimRegex);
      if (items.length >= (skipFieldCount + 2)) {
      for (int i = skipFieldCount + 1; i <
items.length; ++i) {
      outKey.initialize();
      outKey.add(items[i-1], items[i]);
      context.write(outKey, outVal);
      }
      }
```

```
}
}
public static class StateTransitionModelReducer extends
Reducer<Tuple, Text, NullWritable, Text> {
private Text outVal = new Text();
<...variables..>
<Methods to set-up and retrieve configuration values>

protected void reduce(Tuple key, Iterable<Text> values,
Context context)
throws IOException, InterruptedException {
<count the total number of state transitions>
}
}
public static class StateTransitionModelCombiner extends
Reducer<Tuple, IntWritable, Tuple, IntWritable> {
private int count;
private IntWritable outVal = new IntWritable();
protected void reduce(Tuple key, Iterable<IntWritable>
values, Context context)
        throws IOException, InterruptedException {
count = 0;
for (IntWritable value : values) {
count += value.get();
}
outVal.set(count);
context.write(key, outVal);
}
}
```

数据分析

一旦我们拥有存放在 Hadoop 的 HDFS 或 Hive 上的所有数据，就可以使用 Shell 命令、Hive、Pig 或商业智能工具以多种方式进行访问。HDFS 的

Shell 命令、Hive、Pig 前面已经有所介绍，下面我将以商业智能（BI）工具为基础进行分析。

BI 工具

传统的 BI 工具，如 Cognos，其工作原理是将汇总数据集中到一个非规范化的关系型数据仓库中。现在许多 BI 工具已经开发出使用开放数据库互连（ODBC）或 Java 数据库连接（JDBC）连接到 Hive 的连接器，操作复杂度有一定程度的降低。

但相对于诸如 QlikView、Tableau、Spotfire 和 Revolution R 等 BI 工具中的新品种（也被称为大数据分析和数据可视化工具），它们仍有不足。除了传统的商业智能功能，它们也可以：

- 直接从 Hadoop 集群中处理数据，包括内存分析。
- 在视觉上更具吸引力，更容易浏览。
- 处理外部数据源，如社交媒体数据源，包括情感分析。
- 和离线数据一样，处理联机事务处理系统（OLTP），实时反馈。

传统的 BI 工具仍然无法应对大量的数据。所以，我建议总结 Hive 中的结果，然后连接到 BI 工具进行视觉展示。

一旦数据在 Hive 中被转换，就可以使用 BI 工具开发控制面板和报告。

下面我将结合截图演示 QlikView 如何使用 ODBC 连接到配置单元。如果需要，则可以访问 `http://www.qlik.com/` 了解更多详情。

1. 转到管理工具（**Administrative Tools**），然后单击数据源（ODBC）。选择 System DSN 选项卡。选择 **Sample Hortonworks Hive DSN**，然后单击"配置（**Configure**）"按钮。

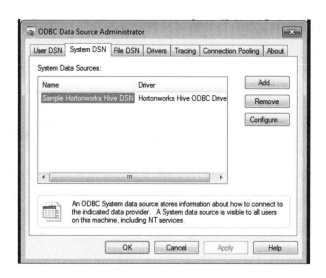

2. 在驱动器的 DNS 设置窗口,指定你想要连接的主机名和 Hive 数据库。

3．打开 QlikView 并选择一个新的文件，然后单击"脚本"按钮。

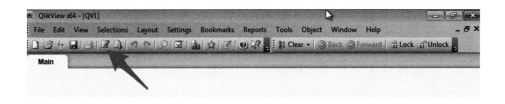

4．在脚本编辑器的"数据（Data）"选项卡中选择 ODBC，然后单击"连接（Connect）"按钮。在接下来的窗口中，输入你的用户名和密码，然后选择数据源，最后单击"确定（OK）"按钮。恭喜，你现在已经连接到 Hive 数据库了。

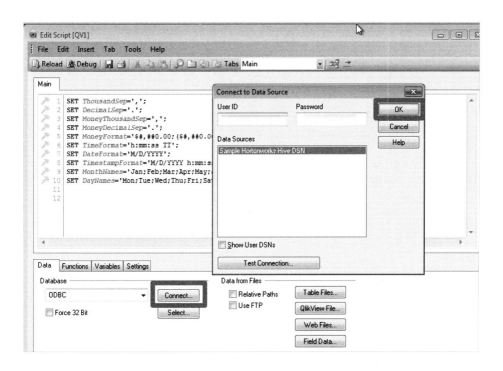

总结

在这一章中，我们讨论了一个在企业规模水平上来实现存储交易、位置和风险数据的 Hadoop 平台。同时提供了各种代码模板来解释使用 Oozie 和 ETL 工具进行数据摄入，并利用 Hive、Pig、MapReduce 进行转换和利用 BI 工具进行分析。

在下一章中，我将基于 Spark、Storm、Kafka 和 HBase 讨论一个实时欺诈检测项目。

第 6 章

6

变得有经验

如果你是从亚马逊购买的这本书，那么你可能还记得它推荐给你的类似主题的其他书籍。有没有想过亚马逊是如何做到实时推荐的？它们有基于聚类的推荐系统，并推荐出售相似或相关的商品。

在金融业，有一个用例与此正好相反，那就是欺诈检测，用于识别异常值或任何不属于某个类的事物。本章将欺诈检测作为一个项目，讨论它的更多细节。

在这一章中，我将解释低延迟或实时分析及覆盖欺诈检测项目的全部数据生命周期。

- 数据收集——使用 Kafka、Storm 和 Spark 收集数据。
- 数据转换——使用 Storm 和 Spark 转换数据并将结果写回 Kafka 和 HBase。

实时大数据

到目前为止，我们已经讨论了使用批处理的工具和技术来解决大数据问题。批处理是指批量处理数据，并且具有从几分钟到几天的更高的延迟。但究竟什么是实时处理？

如果你向业务人员和 IT 人员询问这个问题，则答案会五花八门，从毫秒到分钟，而事实上这些答案基本上是正确的。这依赖于视角和案例。对于股票交易员来说，实时处理是毫秒；但是对于新闻从业人员或媒体趋势分析员来说，分钟是可以接受的；对于视觉界面，业务用户将接受几秒钟的延迟。

只有两种类型的处理——批（Batch）和流（Stream）。批处理进一步分为大批量和微批量。我们已经讨论了使用 Hive、Pig 和 Java MapReduce 进行大批量处理的案例。

微批量和流处理被归类为数据的实时处理过程——处理到达的较小的数据集，如实时股票价格。

我们还简要讨论一下在实时处理数据时使用的软件和工具。

- Apache Spark：使用开源的集群系统来计算数据，并且正如在其网站上提到的，Spark 程序在内存上是 Hadoop MapReduce 运行速度的 100 倍以上，比在磁盘上快 10 倍。它可以使用使用 Java 的 API、Python、SQL 及（最重要的）Scala 访问。访问 http://spark.apache.org/ 可以了解更多的细节。

 对于结构化的数据，可以使用 Spark 的 Spark SQL 模块。访问 http://spark.apache.org/sql/ 可以了解更多的细节。

- **Apache Storm**：跨系统集成现有的实时源，如查询等的开源流处理，访问 http://storm.apache.org/ 了解更多的细节。
- **Apache Kafka**：高度可扩展的高通量分布式的发布－订阅消息系统。访问 http://kafka.apache.org/ 了解更多的细节。

- **Apache HBase**：正如在第 1 章中提到的，这是一个接近实时、读 / 写键 –
  值类型的 NoSQL 数据库。
- **编程语言**：我鼓励开发者学习一些其他语言，如除 Java 之外学习
  Scala 和 Python。
- **IBM 的信息圈流**：这是一个采集和分析每秒高达数百万事件与毫秒级
  响应时间的实时源计算平台。这也是免费的，但允许用于商业生产系
  统。访问 `http://WWW-03.ibm.com/software/products/en/`
  `infosphere-streams` 了解更多的细节。

在这一点上，我希望读者能提出一个自然的问题：如果使用 Spark 或
Storm，再结合 Kafka 和 HBase 使数据处理变成实时的，为什么你还懒得做
高延迟的批量处理？

实时处理是在存储器内进行数据处理，而不是基于磁盘，这意味着它是
较昂贵的。然而，基于 Hadoop 的 Spark 或 Storm 仍是横向扩展的，并且比传
统的高端内存系统如 SAP HANA 更便宜。

项目细节——识别欺诈交易

在金融业中，最大的问题之一是支付卡欺诈，并且在 2013 年有报道称
全球有 140 亿美元的欺诈交易，其中有 71 亿美元的欺诈交易发生在美国。

对于零售商来说，存储用户的信用卡信息是很常见的，无论是由于定期
付款还是便于频繁交易。在很多情况下，由于不充分的安全标准，信用卡的
详细信息会被黑客窃取。在这里，我们不讨论信用卡资料如何被窃取和欺诈
交易是如何完成的，但这对于金融机构在调查欺诈和给予客户赔偿方面是一
个巨大的成本。

大部分零售银行都面临着类似的频繁的信用卡 / 借记卡欺诈问题，并试图实现具有成本效益的解决方案，以识别可疑交易，在发生更多的此类交易之前注销该卡。

解决方案

解决这一问题的方案是使用 Hadoop 建立一个检测和监控模型，以识别在大的交易数据集上的欺诈交易模式。原则是识别离群值。例如，任何不正常的交易就是一个欺诈信号；又如，在纽约发生了一笔 50 美元的交易，紧接着 10 分钟后，同一张卡在迈阿密发生了一笔 400 美元的交易。

有许多算法用来确定异常值，如贝叶斯过滤器、神经网络、数据距离、聚类、相对密度等，但这是一个单独的统计学科，超出了本书的知识范畴。

现实世界

银行有一个昂贵的特许内存系统用来识别欺诈性交易。但随着不断增长的数据维度和更多的数据通道，当这些欺诈交易被识别出来后，为时已晚。通常，这些系统都没有足够的灵活性，以适应社会化媒体数据源；例如，如果客户出国度假，那么他在另一个国家的交易不会可疑，因此不应该被银行阻止。

目标世界

银行将结合历史交易数据使用单一算法或不同的算法组合建立一个模

型。同时模型需要根据定期的新的交易而更新，以便它与即将出现的购买趋势同步更新。

正如在前面的章节中讨论到的，银行利用已经开发的代码，使用批处理的 MapReduce 来开发模型。

Apache Kafka 是一个用于持续、实时、分布式消息的很好的源，它将被用于收集实时交易。

一旦模型被开发出来，它将使用 Storm 或 Spark 处理传入数据，并通过使用 Hadoop 的并行处理预测实时的异常值或欺诈交易。

欺诈交易模型的新结构应该是这样的：

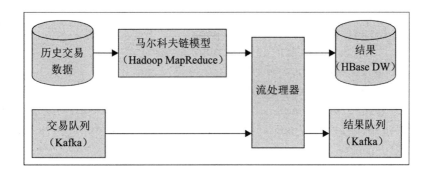

马尔科夫链模型执行——批处理模式

使用前一章建立的模型执行的步骤如下：

1. 复制历史交易数据到 HDFS（如果不存在）上。

```
/<userdirectory>/txndata/input
```

2. 使用 Java MapReduce 生成交易序列数据——将交易数据按用户的 ID 和时间顺序分组。使用 Hive 或 Pig 也是没有害处的。

```
JAR_NAME=<app path>/<txnSequence>.jar
CLASS_NAME=org.fraud.mr.txnSequence
echo "running MapReduce"
IN_PATH=/<user directory>/txndata/input
OUT_PATH=/<user directory>/txndata/sequence
echo "input $IN_PATH output $OUT_PATH"
hadoop fs -rmr $OUT_PATH
echo "removed output dir"
hadoop jar $JAR_NAME $CLASS_NAME -Dconf.path=/<user app
directory>/fraud/txndata.properties $IN_PATH $OUT_PATH
```

3. 使用下面的代码，用 MapReduce 产生马尔科夫链模型。

```
JAR_NAME=<app path>/<StateTransitionModel>.jar
CLASS_NAME=org.fraud.mr.StateTransitionModel
echo "running MapReduce"
IN_PATH=/<user directory>/txndata/sequence
OUT_PATH=/<user directory>/txndata/model
echo "input $IN_PATH output $OUT_PATH"
hadoop fs -rmr $OUT_PATH
echo "removed output dir"
hadoop jar $JAR_NAME $CLASS_NAME -Dconf.path=/<user app
directory>/fraud/txndata.properties $IN_PATH $OUT_PATH
```

4. 写一个被称为 transaction_kafka_queue.py 的 Python 脚本来读取和加载模型的结果，读取和写入新的交易数据到 Kafka 序列等。Python 脚本有两个参数：第一个参数是操作（getModel、setModel、readQueue 或 writeQueue）；第二个参数是数据文件。

5. 将马尔科夫链的结果复制到本地。

```
hadoop fs -get /<user directory>/txndata/model/part-r-00000
txnmodel.txt
```

6. 使用下面的 Python 脚本，将结果加载到 Kafka 序列中。

```
./transaction_kafka_queue.py setModel txnmodel.txt
```

7．使用 HDFS 上的一些历史交易数据来检验模型，并将最后的 100 个交易数据复制到序列中。

```
hadoop fs -cat =/<user
directory>/txndata/input/transaction.txt | head -100 | hadoop
-put - =/<user directory>/txndata/input/txn_test.txt
./transaction_kafka_queue.py writeQueue txn_test.txt
```

在我们转向下一节的实时处理之前，我将简要地解释一下 Storm 和 Spark 架构。如果你想了解它的更多细节，则需要阅读 Apache 文档。

在网上已经有声称一个工具比另一个工具更好的讨论，但它们都具有不同的体系结构，并且多次被用于不同的使用案例中。

对于我们的案例来说，我们可以选择其中一个，但在本章中，我将在随后的章节一起讨论这两个配置。

Storm 架构

核心术语如下。

- **Spout**：这是输入数据流的源，这个源可以为任意的实时数据输入，如 Twitter API 或一个交易序列。
- **Bolt**：这会消耗来自 Spout 的数据流，执行转换功能，并有可能产生更多的流到 Bolt 上。Kafka 将用于流的消息，并且用 HBase 存储持久性数据。
- **DAG**：这是数据从一个流运动至另一个流的工作流。

Storm 并不局限于两个阶段——Map 和 Reduce。正如在 Storm 拓扑中定义的，它也可以是多阶段的。

Storm 拓扑可用下面的图来描述：

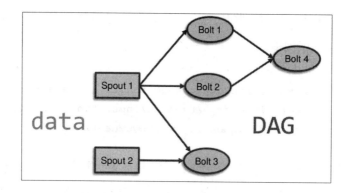

让我们来简要地看一下 Storm 是如何配置到我们的项目中的。

- 一个 Spout 用来从 Kafka 序列中获取交易数据流，一个 Bolt 用来处理数据。

- 进入的交易数据流按用户 ID 进行分组，并反馈给 Bolt 进行处理。

- 对于每个 Bolt 来说，为每个用户配置一个交易窗口。Bolt 利用开发好的模型计算预测值，并且如果当前的序列是可疑的，则被标记出来。

- Bolt 使用模型中的概率度量来对在窗口中的交易序列计算所有交易状态的全概率。如果交易是不正常的，就会产生一个较小的概率和较高的度量。

- 如果度量超过阈值，那么它是可疑的，并且将被写入 Kafka 队列。

Spark 结构

Spark 是使用 Scala 语言编写的，并且 Scala 是首选的编程语言。我鼓励你学习关于 Scala 的更多信息，参见 http://www.scala-lang.org。

在 Storm 中使用的算法同样可用于 Spark。

让我们来简要地介绍一下关键术语。

- RDD 是容错的、分布式的数据集，并且是 Spark 中数据的基本单元。编程也是围绕 RDD 的操作来展开的。

- 像 Storm 一样，Kafka 将被用于流信息，并且 HBase 将被用于持续的数据存储。

我们将使用 Spark 的 Spark Streaming 组件。正如下面的图表所示，Spark Streaming 允许从大多数数据源中读取数据，并将数据写入大多数数据目标中，这让它变得很受欢迎。

Spark Streaming 运行在 Spark 引擎上，并且用 Spark 将实时的数据流切分成微小的批次（最小 0.5 秒）。

对于合适的分析来说，选择正确的微小批次的窗口尺寸对于保持实时与一个足够大的批量尺寸之间的平衡来说是十分重要的。

正如下图所示，批次的窗口大小可取从 0.5 秒到几分钟的任意值，依赖于我们想探测欺诈的速度快慢和准确性。如果窗口尺寸按秒计序，则会有错误的监测；但是如果按分钟计且时间很长，则可能会来不及采取行动。

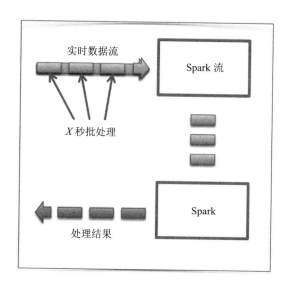

数据收集

银行卡系统将发布交易记录到 Kafka 队列中。

我将一一讨论使用 Storm 和 Spark 这两项技术来进行信息处理。

使用 Storm

一旦模型建立好后，我们就可以使用它来处理新的数据流，以探测异常交易。

这一设计基于无状态的函数式编程——一个新的交易不需要依赖其他交易或状态，因此它可以通过 Hadoop 机器的集群变成分布式的来达到极好的表现。

为了读取实时的交易数据，我们不得不使用 Java 建立一个 Spout 来读取 Kafka 的数据，正如下面的代码模板所示，对于我们的每个商业需求来说需要进行定制化：

```
package org.fraud.predictor;
import <java libraries>;
import kafka.message.Message;
import storm.kafka.PartitionManager.KafkaMessageId;
import backtype.storm.spout.SpoutOutputCollector;
import backtype.storm.task.TopologyContext;
import backtype.storm.topology.OutputFieldsDeclarer;
import backtype.storm.topology.base.BaseRichSpout;
import backtype.storm.tuple.Fields;
import backtype.storm.tuple.Values;

public class KafkaSpout extends BaseRichSpout {
public static class MessageAndRealOffset {
public Message msg;
```

```java
public long offset;
public MessageAndRealOffset(Message msg, long offset) {
this.msg = msg;
this.offset = offset;
}
}
public void open(Map conf, TopologyContext context,
SpoutOutputCollector collector) {
<Implement Kafka configuration - Zookeper, connection details,
etc.>
}
public void close() {
_state.close();
}
public void nextTuple() {
<loop through all partitions>
}
public void ack(Object msgId) {
// TODO Auto-generated method stub
}
public void fail(Object msgId) {
// TODO Auto-generated method stub
}
public void declareOutputFields(OutputFieldsDeclarer declarer) {
declarer.declare(new Fields("message"));
}
public boolean isDistributed() {
return false;
}
}
```

使用 Spark

一旦模型建立起来，我们就可以使用它来处理新的数据流以探测异常
交易。

主要假设为：

- 使用 Scala 进行无状态的函数式编程。

- 使用 Kafka 传递实时的交易数据。

读取实时交易数据的步骤如下：

1. 输入的 RDD 数据流也被称为 DStream。正如下面的代码所示，我们使用 Spark 实用界面来将 Kafka 数据流转化成 DStream。

```
val messages = KafkaUtils.createStream[String,
SingleTransaction, StringDecoder,
SingleTransactionDecoder](streamingContext, kafkaParams,
topics, StorageLevel.MEMORY_ONLY)
```

2. 接着我们将输入的客户交易记录使用下面的代码进行分组。

```
val transactionByCustomer = messages.map(_._2).map {
transaction =>
val key = transaction.customerId
var tokens = transaction.tokens
(key, tokens)
}
```

数据转换

我将一一讨论 Storm 和 Spark 的设置。

使用 Storm

我们创建一个 Bolt 类来处理序列。

```
package org.fraud.predictor;
import <java libraries>;
```

```
import backtype.storm.Config;
import backtype.storm.StormSubmitter;
import backtype.storm.task.OutputCollector;
import backtype.storm.task.TopologyContext;
import backtype.storm.topology.OutputFieldsDeclarer;
import backtype.storm.topology.TopologyBuilder;
import backtype.storm.topology.base.BaseRichBolt;
import backtype.storm.tuple.Fields;
import backtype.storm.tuple.Tuple;

public class OutlierPredictor {
public static class PredictorBolt extends BaseRichBolt {
private OutputCollector collector;
private ModelBasedPredictor predictor;
public void prepare(Map stormConf, TopologyContext context,
OutputCollector collector) {
this.collector = collector;
predictor = new MarkovModelPredictor(stormConf);
//MarkovModelPredictor should be implemented separately
}
}
public void execute(Tuple input) {
String entityID = input.getString(0);
String record = input.getString(1);
double score = predictor.execute( entityID, record);
//write score to db
//ack
collector.ack(input);
}

@Override
public void declareOutputFields(OutputFieldsDeclarer declarer) {
}
}
public static void main(String[] args) throws Exception {
String topologyName = args[0];
String configFilePath = args[1];
```

```
FileInputStream fis = new FileInputStream(configFilePath);
Properties configProps = new Properties();
configProps.load(fis);
//intialize config
Config conf = new Config();
conf.setDebug(true);
for (Object key : configProps.keySet()){
String keySt = key.toString();
String val = configProps.getProperty(keySt);
conf.put(keySt, val);
}
//spout
TopologyBuilder builder = new TopologyBuilder();
int spoutThreads =
Integer.parseInt(configProps.getProperty("predictor.spout.threads"
));
builder.setSpout("predictorSpout", new PredictorSpout(),
spoutThreads);
//detector bolt
int boltThreads =
Integer.parseInt(configProps.getProperty("predictor.bolt.threads")
);
builder.setBolt("predictor", new PredictorBolt(), boltThreads)
.fieldsGrouping("predictorSpout", new Fields("entityID"));
//submit topology
int numWorkers =
Integer.parseInt(configProps.getProperty("num.workers"));
conf.setNumWorkers(numWorkers);
StormSubmitter.submitTopology(topologyName, conf,
builder.createTopology());
}
}
```

为了实现持久存储，结果可通过简单地修改处理模板被写入 HBase，使用 HBase bolts 来代替 BaseRichBolt，例如：

- HBaseBolt：它将元组转换成输入请求，并将其发送到 HBase 表中。

- HBaseCountersBolt：它将元组转换为 HBase 计算器，并用来进行统计分析。

使用 Spark

我们将使用 Scala 创建一个算法来计算得分。

```
def apply(s: String, stateTranstionProb: Array[Array[Double]],
states: Array[String], stateSeqWindowSize: Int): Scorer = {
if (s == "MissProbability") {
  return new MissProbability(stateTranstionProb, states,
  stateSeqWindowSize)
} else if (s == "MissRate") {
  return new MissRate(stateTranstionProb, states,
  stateSeqWindowSize)
} else {
  return new entropyReduction(stateTranstionProb, states,
  stateSeqWindowSize)
}
}
```

使用下面的代码模板，Spark 代码也能通过简单的修改被写入 HBase。

```
val sparkContext = new SparkContext("local", "Simple App")
val hbaseConfiguration = (hbaseConfigFileName: String, tableName:
String) => {
  val hbaseConfiguration = HBaseConfiguration.create()
  hbaseConfiguration.addResource(hbaseConfigFileName)
  hbaseConfiguration.set(TableInputFormat.INPUT_TABLE, tableName)
  hbaseConfiguration
}
val rdd = new NewHadoopRDD(
  sparkContext,
  classOf[TableInputFormat],
  classOf[ImmutableBytesWritable],
  classOf[Result],
```

```
   hbaseConfiguration("/path/to/hbase-site.xml", "table-with-data")
)
import scala.collection.JavaConverters._
rdd
  .map(tuple => tuple._2)
  .map(result => result.getColumn("columnFamily".getBytes(),
  "columnQualifier".getBytes()))
  .map(keyValues => {
  keyValues.asScala.reduceLeft {
    (a, b) => if (a.getTimestamp > b.getTimestamp) a else b
  }.getValue
})
```

总结

在这一章中，我们学习了如何成功地使用 Storm、Spark、Kafka 和 HBase 处理实时的交易数据。我相信读者在使用这些技术后，将在实际的商业项目中获益良多。

在下一章中，我将触及更多商业大数据服务案例的基础，并且讨论 Hadoop 是如何在企业级水平上被扩展的。

第 7 章

7

深入扩展 Hadoop 的企业级应用

我们已经使用 Hadoop 建立了一两个项目并从中获益。现在这种益处已被证实，你将尝试使用 Hadoop 来解决更多的大数据问题。

在这一章中，我将解释围绕前面讲到的从一次性项目到一个完整的 Hadoop 集群，来支持多样的系统和项目。讨论的主题主要基于以下几点：

- 为什么及如何扩展你的基础设施。
- 带有简要方案的更多大数据金融使用案例。
- 企业级数据湖（Data Lake）。
- Lambda 架构。
- 大数据管理。
- 安全性。

扩展开来——实际上的水平

确定企业参与的适当水平是任何大数据项目保证成功的一个重要考虑因素。如果证明太难管理跨业务部门的期望，那么在开始使用自己的部门级 Hadoop 集群并提供成功的项目之前是没有危害的；之后，其他部门肯定会连接你的集群，以节省成本。

然而，如果你询问银行集团的首席信息官，那么他们对部门级 Hadoop 集群的要求是非常苛刻的。他们更可能会推荐数据湖——一个银行组水平的企业平台。虽然推荐最佳路线是很困难的，但一旦业务被批准，则越早开始越好。

一旦少数成功的 Hadoop 系统开始生产，这将是一个利用其他数据和分析系统迁移到 Hadoop 中取得 Hadoop 相关投资的好时机。

我们需要有一个在 Hadoop 生态系统项目组合中的大数据战略，其要点如下。

- 获益的项目：始终贯彻执行项目，以确保明确的利益，并不仅仅因为 Hadoop 是一件很酷的事。
- 开始于小的项目：正如 Doug Cutting 先生所说，"对大数据来说，从小开始"。总是从小的项目开始，如从云上迁移或卸载一些数据存储到 Hadoop 上。对于银行来说，将他们每天的交易、位置、余额、风险、股指和大多数数据放进中央 Hadoop 系统是很常见的。
- 数据湖：Hadoop 集中式的企业平台变得非常流行。现在最常见的问题是，在有几个成功的项目后，所有的业务功能都使用自己的不同版本和不同的 Hadoop 集群。数据湖解决了这个所谓的 Hadoop 仓库问题。

- Lambda 架构：这是一个简单但功能强大的体系结构模式，用来将批处理和实时处理结合起来，并实时展示一个统一的、完整的数据层到业务上。我将在后面讨论关于它的更多细节。

- 数据管理：随着大数据在金融组织内的不断生长，数据管理变得越来越困难。大数据还涉及敏感客户信息和机密记录，并且数据的安全性需要得到保证。我将在后面详细讨论这一点，包括 Apache Falcon 工具，这是 Hadoop 中一个很好的数据管理工具。

- 安全性和隐私性：采取数据安全措施，以防止未经授权的访问和腐败，并且数据保密协议用来处理内部和外部各方不必要的信息共享。在任何金融机构中，安全性和隐私性都不能遭到破坏。我将在后面讨论关于它的更多细节。

更多的大数据使用案例

每个大数据项目必须经过任何金融机构相同的标准实践，这些做法如下：

- 了解业务的需求，并建立一个跨职能的团队来支持你的短期、中期和长期目标。

- 确保平台能够支持项目的生长。确保基础设施的性能要求配置适当，并能迎合当前和未来可能出现的项目。

- 第一个项目显然有不小的知名度，所以一定要尽可能地表现出投资回报率，以确保管理层支持所有当前和未来可能出现的项目。

- Hadoop 仍在发展，所以请确保你的团队训练有素，并且一个重要的预算不仅包括分配的初步培训费用，而且在新产品和新版本上还要定期培训。请确保用户和操作是训练有素的，并且能有效地使用Hadoop。

现在我将讨论更多的金融大数据用例并提出解决方案。需要随时根据客户的要求来调整这些方案，因为你知道永远不会只有一项正确的技术。

使用案例——再谈欺诈问题

在投资银行中有许多不同类型的诈骗案件，使得我们必须积极主动地进行检测。如果你看过报纸，就会知道违规处罚是如此重大，可以降低季度盈利预测和股票价格。一些常见的欺诈事件如下：

- 小公司在资本市场上的股票价格一般在 2.5 亿美元以下，通常是场外交易，用误导的信息推进，并出售给公众。而经纪人会在这些股票价格达到顶峰时尽快抛售它们。
- 滥用卖空通常是不增值的投机性交易。正在出售的股票没有借款，也没有借款的意图。
- 低价股是那些每股价格小于或等于 5 美元的股票。交易商以明显较低的价格买到这样的产品，具有误导性的前景推动，再以高价卖出。
- 市场操纵和内幕交易。

解决方案

以上所谈到的欺诈问题都没有猜测的痕迹。如果你还记得我在第 6 章中讨论的项目，那么与借记卡 / 信用卡欺诈交易相比，这种情况与之非常相似。

- 根据你的要求，构建使用历史交易数据的检测模型。你可以按市值进行过滤，筛选出市值小于 5 美元的股票等。
- 对于内幕交易和市场操纵来说，过滤所有有问题的交易员，同时将他们进行分组，并分析他们的交易模式。

- 构建异常值检测算法。有许多算法可供选择，这实际上将取决于你的具体要求。
- 如果需要实时检测欺诈，则可以使用 Storm 或 Spark；否则使用批处理模式，如使用 Java 的 MapReduce、Pig 或 Hive 应该足矣。

使用案例——用户投诉

任何银行的当务之急是尽量减少客户流失率，这取决于客户的满意度。我们知道，客户根据银行的服务水平来选择不同的银行。客户满意度数据是非常大的，包括非结构化数据，如电话记录和电子邮件。为了进行精确分析，解决方案必须基于一个完整的数据集而并非基于一个小的子集，因为每个客户的情况是不同的。

解决方案

有许多因素需要被分析，如根据顾客的不满意程度对地理和社会经济进行分类。我们需要选择以下内容来确定满意度和参数之间的关系。

- 算法：客户投诉的聚类和分类。我们可以将它们按地区和社会经济因素分组，提取最大的抱怨，并分析其影响。
- 技术：Hadoop 作为一个平台，Mahout 或 Spark MLlib 用来进行机器学习，用 Java 或 Python 编程。

使用案例——算法交易

算法交易是指利用计算机程序提交交易指令。计算机算法决定订单的各个方面，如时间、价格和数量。

要开发算法，我们需要做到以下几点：

- 用历史价格数据回测该算法并从准确性方面进行微调。
- 使用的参数越多，得到的算法越复杂。

解决方案

算法交易对于投资银行来说不是新鲜事，但 Hadoop 的 MapReduce 可以让交易变得更简单。该解决方案将包含 MapReduce 阶段，如下所示：

- MapReduce 的第一阶段将采用给定的一组参数的每日价格的大数据并输出这些参数的性能。
- MapReduce 的第二阶段将一组参数作为输入值，输出将是表现最出色的参数集合。
- 表现最出色的参数集合可以用来进行实时自动交易。

使用案例——外汇交易

我们通常有大量的外汇交易数据，但由于硬件的限制，这些数据仅能够按天、周或月的形式显示。为了更好地统计、洞察货币兑换市场，我们需要实时地收集、分析和可视化数据流。

解决方案

这是一个与欺诈检测相反的使用案例，我们称之为推荐。对于欺诈检测，我们设计一个交易模式集群并确定离群值。在这里，我们不是去识别异常值，而是去发现相似的交易并推荐它们。

- 使用历史盘中、每日外汇、股票或其他数据构建检测模型。
- 构建推荐算法。有许多算法可供选择，这将真正取决于我们的具体要求。
- 使用 Storm 或 Spark 进行实时流处理。

使用案例——基于社交媒体的交易数据

基于微博数据、新闻或 Facebook 消息预测股票价格。相应的假设是：如果公众对一只股票或行业部门更感兴趣，则要求购买这些股票的数量将增加；反之亦然。

解决方案

使用统计分析，也就是股票价格和社交媒体的兴趣之间有一定的相关性，并采用以下几点预测价格：

- 使用 Facebook 和 Twitter 的 API 来加载数据到 Hadoop 中。
- 一旦数据被清洗和过滤，则用 Mahout 库来预测股票价格。其中的大多数算法基于相关相似性、距离相似性或回归方法。
- 如果使用的是 Spark，则它会提供 MLlib 库用于机器学习，但不及 Mahout 库先进。

使用案例——非大数据

有人可能会问，如果使用 Hadoop 或 Apache 开源产品处理中小型数据，那么是否会有一些优势，比如：

- 每天的活动和交易数据不到 10 万条。
- 小型参考数据，如风险类型、市场、货币、客户、员工、交易部门、分类等。

解决方案

答案是肯定的。即使数据访问性能不如你所期望的那样，但存储在 Hadoop 中的数据无论是在硬件还是在软件方面至少更廉价一些。

如果以下的任何几点是真的，则会有一定的益处：

- 小型或中型数据的处理是一个更大的 Hadoop 生态系统的一部分。例如，如果大多数大型系统的交易处理已迁移到 Hadoop 上，那么更小的交易数据集中在单一的 Hadoop 平台上也是有道理的。
- 如果外部数据在 Hadoop 任务中经常被引用，那么在 Hadoop 上保存一个本地副本也没有坏处。
- 如果性能是我们主要的关注对象，则可以使用 Spark 处理中小型数据。

数据湖

数据湖无疑是在某个单一的地方能够加载所有类型的数据的最流行的架构模式之一。其要点是：

- 将传统的关系数据库系统的功能与 Hadoop 结合起来处理数据。
- 使用传统的关系数据库系统处理小批量、高价值的数据。
- 使用 Hadoop 处理大批量和新类型的数据源——半结构化和非结构化数据源，如法律文件、电子邮件、网络数据及机器的日志数据。

下面的截图是从 Hortonworks 网站上得到的，对传统的关系数据库系统和 Hadoop 如何共存提供了一个很好的平衡，以此来处理所有类型的数据。

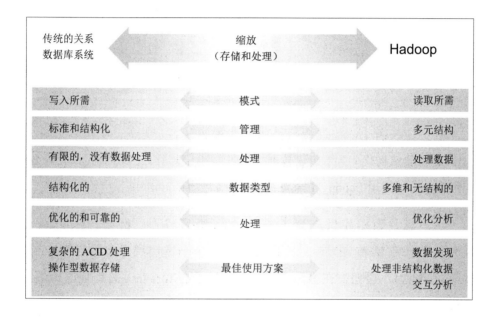

数据分析和可视化也需要可扩展性。非结构化和半结构化文本将存储在 Hadoop 上，并使用 Hadoop 工具进行处理。随着对非结构化和半结构化数据进行进一步的分析，它将被细化，变得更有条理，最终使它可以迁移到用于可视化的数据库中。

因此，数据分析和可视化工具如 SAS、Tableau 和 SAP 工作在传统的数据库如 EDW、CRM 上，也可以像 Hadoop 一样处理数据。

一个典型的大型金融机构的端到端架构类似于如下从 Hortonworks 网站上得到的截图。

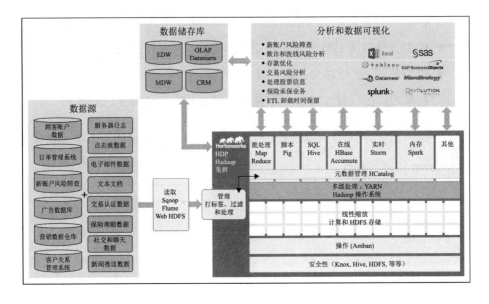

在上述截图中，数据源将是结构化数据（客户账户、订单、风险和 CRM）和非结构化 / 半结构化数据（日志、电子邮件、点击流和社交媒体）的组合，可以使用 Sqoop、Flume 或直接复制到 Hadoop 中。

好消息是数据库供应商正与 Hadoop 进行整合。例如，Teradata 已经使用分析引擎和 HDFS 文件系统创建了一个透明层，被称为 Teradata QueryGrid™，它允许在 Hadoop 中的数据通过 Teradata 的查询语句进行查询。

创建一个企业数据湖的步骤如下。

- 第一阶段：用基本转换从各种来源获取数据。该数据在一个地方是大规模的。

- 第二阶段：使用自己机构拥有的技能、工具和技术来转换数据。使用 Hadoop 是毫无压力的，如果有任何添加值，则可以考虑使用 Hadoop。

- 第三阶段：使用自己机构拥有的工具和技术分析数据。使用 Hadoop 是毫无压力的，如果有任何添加值，则可以考虑使用 Hadoop。

- 第四阶段：在 Hadoop 和非 Hadoop 平台上的所有数据管理原则包括合

规、安全、审计、词典和数据可追溯性。因此，要遵循所有的数据管理规则。

Lambda 架构

2015 年，在金融组织中，交易几乎总是要求数据能够进行实时分析。

正如在前面的章节中所讨论的，Hadoop 可利用 Storm 或 Spark 处理内存中的数据，但企业真正需要的是整合磁盘上的全部历史数据和内存上的实时数据的能力。

Lambda 架构能满足这种需求。这个概念很简单，但功能很强大：同时使用加速层和批处理层，使用如下图所示的一个共享服务层。

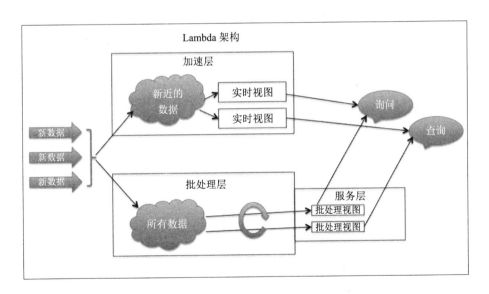

我们已经知道哪些技术适合批处理层、哪些技术适合加速层。

- **输入的数据**：进入批处理层和加速层，每一层都会按照自己的步调进行处理。

- **批处理层**：数据写入的追加并且仅读取 HDFS 上的高延迟。
  - MapReduce 任务用于定期预计算批处理视图。
  - 主数据集是完整的主数据集，其中包括完整的历史数据。
- **加速层**：Storm 或 Spark 从队列或发布 – 订阅系统中摄取实时数据。
  - 更新是可能的，并且该数据被存储在读 / 写数据库，如 HBase、Cassandra 或 Redis 中。
  - 实时视图存储在读 / 写数据库中。
- **查询和服务层**：这只是简单地查询批量和实时视图，并将它们合并。
  - 批处理视图被编入索引并存储在 HBase 或 ElephantDB 上，以便实现更快的即席查询。
  - 实时数据可以从加速层获得。
  - Apache Drill 是一个很好的与 ANSI-SQL-2003 兼容的数据访问查询引擎。

大数据管理

大数据管理对于维护数据质量并允许分析师做出更好的决策是至关重要的。它将使金融机构避免低质量的数据重复工作，并遵守法规，如萨班斯 - 奥克斯利法案和巴塞尔协议 II/ 巴塞尔协议 III。

大数据管理至少包括：

- **包括元数据的数据定义**：必须知道存储在 Hadoop 平台上的数据是什么。
- **整个数据处理程序**：一定要知道数据是从哪里来的，它经历了怎样的变换，并且最终存放在什么地方。
- **NoSQL 存储**：这些是灵活的模式，但这并不意味着我们会存储任何垃圾。即使我们允许灵活的架构，但任何更改的模式应该被记录在案。

对于任何大型的大数据方案，我推荐一个三层的治理方案，如下所述。

- **低层**：在加载区域上接收的原始数据，如机器日志、文件等只需在较高的水平上进行管理，如谁可以访问它、它是什么时候被接收的、应该被保存多长时间。
- **中间层**：一旦原始数据通过数据质量验证、清洗和转换，就变成了信息。它仍然需要在较高的水平上进行管理，如谁可以访问它、它是什么时候被接收的、它需要被保留多久。此外，数据质量需要被监视。
- **高层**：数据已经通过进一步的改造、聚合变成值得信赖的数据源。该数据被构造成具有定义好的模式和元数据。它必须得到充分管理，包括谁可以访问它及何时可以进行访问，一切都应该被记录和控制。

一旦实现了 Hadoop 上的几个大数据系统，你的集群就可以有成百上千个 Oozie 来协调工作和众多的数据集及流程定义。这变得更难以管理，同时可能导致常见的错误，如重复数据集和流程、不正确的作业执行，以及缺乏审计控制和可追溯性。

Apache Falcon 是为管理员和数据管理员解决数据管理挑战的主要工具之一。

 我会提供这个工具的简要概述，请访问 http:// falcon.apache.org/ 了解更多详情。

Hadoop 供应商自己的数据管理工具也具有类似的功能。例如，Cloudera 公司有自己的数据管理工具，称为 Navigator。由于 Hortonworks 是完全开源的，所以他们在发行版本中使用 Falcon。

Apache Falcon 概览

Apache Falcon 是一个界定、调度和监视数据处理成分的数据管理工具。

它用简单的 XML 格式定义了可以组合用来描述数据管理策略的三种实体。

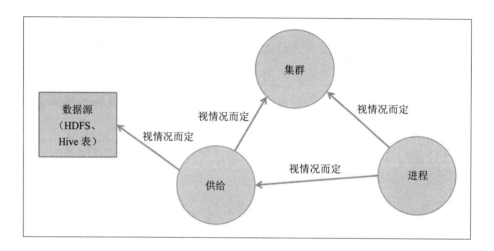

- **簇（Cluster）**：这是首先要定义的，如订阅和流程实体都依赖于它。配置完成后，使用以下命令提交该簇实体到 Falcon 上。

```
falcon entity -type cluster -submit -file <cluster-entity>.xml
```

- **订阅（Feeds）**：Hadoop 参数上的每个订阅，如订阅频率、簇、数据保存期，以及 HDFS 上的订阅位置。例如，在一个交易数据仓库中，每个交易数据集和位置文件都具有共享的特征，将有一个订阅实体配置 XML。配置完成后，使用下面的命令提交和调度每个订阅实体。

```
falcon entity -type feed -submit -file <feed-entity>.xml
falcon entity -type feed -schedule -name <feed-entity>
```

- **流程（Process）**：这被定义为 Pig、Hive 或 Bash 脚本和 Oozie 的工作流参数，如簇、执行频率、输入订阅实体、输出订阅实体和重新尝试次数。配置完成后，使用以下命令提交和调度每个订阅实体。

```
falcon entity -type feed -submit -file <process-entity>.xml
falcon entity -type feed -schedule -name <process-entity>
```

该配置参数允许有一套丰富的数据管理策略，包括后期数据的到来、跨集群复制等。

Falcon 是一个分布式应用，并且如果需要，那么它的服务器可以跨多个集群部署。它使用 Oozie 作为其调度，把实体定义为重复的动作，并且高层次架构如下图所示。

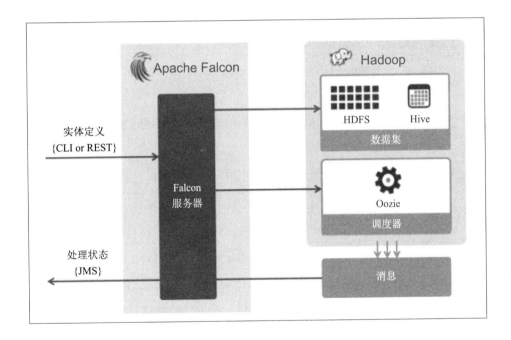

安全性

为了满足访问控制限制、保密制度和保密限制的要求，金融机构有严格的标准。因为 Hadoop 是被用来在商用服务器上格式化大量的非结构化公开数据的，从来没有因安全性而为它设计或开发驱动程序。这就是为什么安全性会成为我们在进军金融业时 Hadoop 的一大障碍。

2009 年，雅虎选择 Kerberos 作为 Hadoop 的身份验证机制，并且从那以后，Kerberos 成为 Hadoop 安全模型的基础。Kerberos 与 Hadoop 自己的文件系统安全性结合起来处理金融部门的安全问题。

本节仅涵盖较高水平的话题。请参考自己产品的安全性文档，了解更多详细信息。

安全性的三个主要方面如下。

- **身份验证**：Kerberos 采用两种不同的方式进行身份验证：Kerberos RPC 使用 SASL / GSSAPI；Kerberos HTTP SPNEGO 使用 Hadoop 的 Web UI。

  Hadoop 通过使用 HDFS 文件权限和服务级授权提供授权控制，以验证用户。

  HDFS 采用了一个类似 UNIX 文件和目录的权限模型。

- **授权**：集群授权基于用户和他们的组权限。如果你有多个区域的用户，那么你不得不将 Kerberos 原则映射到你的用户名上。

  如果你已经使用了 Kerberos 身份验证的 Active Directory，那么通过你的 LDAP 实例或 Active Directory 使用组管理可能是有意义的。

- **加密**：Hadoop 提供了对通过网络进行传输的数据进行加密的机制。在默认情况下，客户端和 DataNodes 使用 Hadoop 的数据传输协议传输数据，这些数据是未被加密的。如果在你的网络上有敏感数据，正如预期的那样，你想防止黑客和网络探查器攻击集群，那么你将需要配置加密的 Hadoop 组件。

  从 Hadoop V2.6.0 版本开始，HDFS 实现了透明的端到端的加密。从构造目录中读出和写入构造目录中的数据将被透明地加密。

总结

在本章中，我们学会了大数据系统如何建立在企业级水平上，包括诸如数据湖和 Lambda 架构细节。

我还提供了更多的使用 Hadoop 工具解决金融使用案例的简要方案。最后且最重要的是，我们清楚了拥有有效的数据管理和安全性的必要性。

在下一章中，我将讨论 Hadoop 的最佳实践和标准。

第 8 章

8

Hadoop 的快速增长

Hadoop 的框架及其组件仍在不断发展，新版本也在定期发布。尽管交付了成功的项目，但如果我们的系统与技术无法保持同步更新，那么在新版本或产品推向市场后，Hadoop 的势头可能会失去它的价值。

我鼓励读者与这些技术保持接触，并寻找新的发展趋势。

本章包括以下主题：

- Hadoop 发行版的升级周期。
- 最佳实践和标准。
- 新的趋势。

Hadoop 发行版的升级周期

Hadoop 的版本必须定期升级，以便与最新的 Hadoop 生态系统的版本保持同步。Hadoop 的发展非常迅猛，几乎每隔几个月就会升级一次。例如，

Hortonworks 于 2014 年 4 月发布了 HDP 2.1 版本，于 2014 年 10 月发布了 HDP 2.2 版本。

科技行业一般能与最新的版本保持接触。

另外，在金融领域，更新周期极其缓慢，特别是在大银行里。在当前的背景下，我们可以在大多数银行里看到，台式机仍然运行的是 Windows XP 系统，并且使用的是 Office 2003；具有讽刺意味的是，它们支持数十亿美元的交易价值。所以，如果你的 Hadoop 发行版没有因版本更新而升级，则也不要气馁。

如下图所示，为企业级准备 Hadoop 发行版本的公司，如 Hortonworks 仅仅是不同版本兼容的 Hadoop 组件的组合。

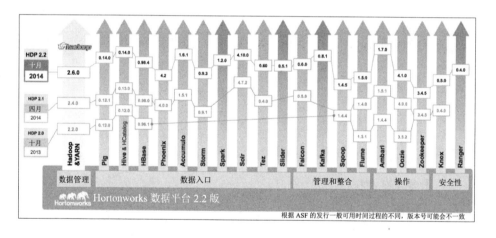

发行公司推荐你定期更新软件。银行的 IT 管理部门如今计划至少升级主要的版本，而较小的部分可以忽略。因此，银行的更新周期以半年或一年居多。

例如，如下图所示的 MapR 4.0.1 V1 模式是 Apache Spark v1.0.2 之前兼容的版本。因此，如果你将 MapR 从 V3.1.x 更新到 4.0.1 V1 模式并且你的 Spark 版本是 v0.9.2，那么除了更新你的 Spark 版本，你将毫无选择。

Ecosystem Component/MapR Version		MapR 2.x	MapR 3.0.x	MapR 3.1.x	MapR 4.0.1 (MapReduce v1 mode)	MapR 4.0.1 (YARN Mode)
Apache Hive	9	Yes	No	No	No	No
	10	Yes	Yes	No	No	No
	11	Yes	Yes	Yes	No	No
	12	No	Yes	Yes	Yes	Yes
	13	No	Yes	Yes	Yes	Yes
Apache Spark	0.9.1	No	Yes	Yes	No	No
	0.9.2	No	Yes	Yes	No	No
	1.0.2	No	Yes	Yes	Yes	Yes
	1.1.0	No	No	Yes	Yes	Yes
	1.2.1	No	No	No	Yes	Yes

尽管升级 Hadoop 的组件通常是向后兼容的，并且支持开发的应用程序，但这并不总是能够得到保证。因此，可能需要重写一些代码，并且在版本升级项目中必须考虑这一点。

更新的步骤如下。

- **计划**：首先，你需要决定是离线升级还是在线升级。为了便于集群运行在生产的关键任务应用中，我建议在线升级。如果集群用于运行分析和批处理作业，并有足够的停机时间，那么离线升级是可靠的，并且被推荐使用。该计划应包含对升级发生时间的沟通，以使得公司的业务感知到系统离线或分析运行时比正常情况下稍慢一些。

- **准备**：我推荐将 NameNode 元数据进行定期自动备份，包括在 HDFS、Hive、HBase、CM 和 Oozie 上的所有数据库。此外，准备好你的脚本来备份重要数据、程序，并且在升级之前进行配置。如果需要，则在检测、沙箱或非生产服务器上测试升级执行并更新步骤。在最后确定生产步骤之前，在非生产服务器上必须有一个平滑的端到端的执行。

- **更新服务器**：所有服务器都以正确的顺序升级，如名称节点（name nodes）和数据节点（data nodes）依次升级，并且在批处理时间内在同意业务的情况下完成。

- **更新客户机**：所有客户机都需要升级，紧接着升级快速测试客户端工具。
- **更新生态系统**：并不是所有的组件都与集群一同升级，所以一些组件需要按个别情况单独升级。例如，如果已经有了与新的 Hadoop 发行版本兼容的 Spark 版本，则可以根据自己的要求选择以后升级。

最佳实践和标准

在可预见的未来，Hadoop 是不会取代传统的数据系统的。我们需要使用一系列工具和技术保持一种平衡，包括 Hadoop、传统的网格计算、在 RDBMS 和 ETL 工具下推行优化、内部部署计算、云计算，甚至是你的主机。

正如在上一章中讨论的，结构化和非结构化数据可以在使用传统和新技术的数据湖架构上共存。企业级数据仓库（EDW）仍然是管理数据的最佳选择，并且在可预见的未来将是结构化数据。即使非结构化数据，一旦使用 Hadoop 清洗、过滤并分析，则将变为作为中央数据源的企业级数据仓库。

环境

就像任何非 Hadoop 系统，你通常需要至少三个环境——发展、测试和生产。然而，如果这些环境中的规范不同，则处理性能也会有所不同。

由于 Hadoop 通常是关于大数据的，保留三个类似的规范环境将耗费三倍的硬件成本。因此，一些机构在开发和测试环境中可能会选择保留较少数量的数据节点。在这种情况下，你可以在开发和测试环境中预估花费来保留数据的缩减版本。使用沙箱开发、使用虚拟集群进行测试及使用裸机安装进行生产是很常见的。

例如，如果我们只想保留特定日期的交易数据和风险指标，而不是将过去 5 年的数据全部用于生产。

与 BI 和 ETL 工具的集成

相比其他人使用 Hadoop 集成的工具，总是会有一些 BI 和 ETL 工具是领先一步的，但这并不表示已经购买的内部 BI 和 ETL 工具不能使用。我强烈建议坚持使用现有的 BI 和 ETL 工具，除非有很好的理由再买一个。但是，如果有减少 BI 和 ETL 工具的数量以减少许可证和硬件成本的可能性，那么你应该这样做。

只要你可以用更新的、支持 ODBC/JDBC 驱动程序配置的 Hive/Spark SQL 连接到 BI 工具上，你就可以继续使用现有的工具。

此外，大多数 ETL 工具允许连接到 Hadoop 上，这就消除了 MapReduce 任务的手工编码。如果这意味着需要购买 ETL 供应商提供的附加选项，那么这仍然比购买一个新的工具更经济可行。

提示

这些提示都是我们做大数据项目的经验教训——分为商业、基础设施和开发一一叙述。

商业

以下几点将对企业用户、管理者和分析人员有用：

- 为了增加复杂性和降低投资回报率，倾向于增量项目。

- 与内部和外部利益相关者总是共享大数据分析的成功结果。这保持了未来 Hadoop 在业务和赞助上的好势头。

- 使用 Hadoop 效果最好的敏捷方法来处理大数据项目。如果需要，那么金融机构应该改变现有的工作方法。

- 使用匿名数据在公共云上执行大数据原型，这些数据可以即时完成，然后转移到私有云，但这需要很长的时间来建立。

- 全球金融数据从各种系统中收集而来，这些系统应被设计成满足不同地区的语言、条例、货币、时区的多样性。

- 组织角色和流程必须加以修正，包括对新的数据类型的管理作用，扩大其在合规性和内部控制中的作用和有效的数据资产管理。

- 给出一个选项，使用工具做任何事，但只有当它保证未来支持企业环境时才能成为被广泛采用的工具。不要仅仅从互联网上下载任何东西并使它成为你的项目。

基础设施

下面几点对于管理者和开发者或许有用：

- 保持较大的 HDFS 块。安装成本大于实际的磁盘成本。

- 保持每个节点线程的最佳数量，这取决于我们运行的任务类型。请参考手册以便找出如何做到这一点。

- 传输或 I/O 是最昂贵的。使用诸如 LZO 和 LZ4 压缩，并保持较低的 Map 输出。如果有作用，则可以使用一个组合。

- 从第一天开始，如果你是从头开始开发一个新项目，则使用 MapReduce V2。因此，确保基础设施具备 V2 或 YARN。

- 不要被声称快 2.5 倍或 100 倍的工具性能所影响；这些工具总是读取小的文本。它可能仅适用于某些情况。

- 在我们看来，声称可以从数据库或其他系统通过单击按钮就可进行迁移的工具是不值得购买的。如果数据无须转换而直接迁移，那么也可以直接使用 Hadoop 组件。
- 不要以安装在你的 Hadoop 生态系统中的集群和节点数量来衡量成败。

编程

下面几点对于管理者和开发者或许有用：

- 数据必须通过使用自动和可重复的程序加载，这依赖于良好的命名约定。
- 数据质量验证和监督应被纳入 MapReduce、Hive 或 Pig 的代码中。如果不是，那么数据质量最终将成为另一个非结束的项目。
- 在数据流循环中，应用过滤、清洗、修剪、一致、匹配、连接并在最早的可能触摸点进行诊断。
- 在你运行任何代码之前，测试所有的 mapper、reducer、combiner 和单独的 partitioners 单元。每个步骤必须用小且多样的数据集进行测试。首先考虑的是功能，其次是性能。
- 有 两 个 MapReduce API：`org.apache.hadoop.mapred` 和 `org.apache.hadoop.mapreduce`。坚持使用新的 `org.apache.hadoop.mapreduce`，因为另一个 API 仅适用于向后兼容性。

新的趋势

写 MapReduce 仍然过于复杂，令太多的程序员望而生畏。所以，毫不奇怪的是，目前有很多措施来简化它，而这也将继续下去。

以下几点说明了我的观点：

- 随着新版本的发布，诸如 Pig 和 Hive 等高层次语言的查询速度将更快，而且包含更多的程序库。例如，Hive 的新版本有一个基于成本的优化，这使得查询速度快了 2.5 倍。

- MapReduce 模式将更加明确，并且将有现成的模板可供选择。

- 目前在市场上已经有编写 MapReduce 程序代码的工具。有更多的企业很可能会开始使用这些工具。

- 函数式编程 Scala 及诸如 Cascading 和 Scalding 框架现在在大数据领域更受欢迎。我鼓励读者找出其受欢迎的原因。

- 机器学习，虽然我没有在本书中介绍它，但这是一个持久性的话题。随着诸如 Apache Mahout 和 Spark MLlib 项目的发展，预测建模和机器学习将更多地用于聚类、推荐和欺诈检测。

- 分析工具，如 R 存放在本地 Hadoop 要执行的路径上。因为大数据将直接在 Hadoop 上而不是移出 Hadoop 进行分析，所以这种情景将会改变。

总结

在本章中，我们了解了 Hadoop 发行版的更新周期，并且需要与新版本保持同步。我也从商业、基础设施和编码三个方面讨论了最佳实践和标准，紧接着介绍了新的趋势。